Salim M. Ali

Handbuch zur Kindererziehung

Autor: Dr. rer. pol. Salim M. Ali, geb. 1954 in Indien. Studium der Sozial- und Wirtschaftswissenschaften in Deutschland. Seit mehr als vier Jahrzehnten als freiberuflicher Autor und Schriftsteller tätig. Übersetzer und Dolmetscher für mehrere Sprachen. Lehrbeauftragter für die Fächer Mathematik und Englisch bei dem Studienkreis Bochum. Von 1992 bis 2010 Lehrbeauftragter in den Fachbereichen Sozial- und Wirtschaftswissenschaften an der Universität Oldenburg.

Dr. Gerhard Casper, der langjährige Zahnarzt aus Bremen,
der meine Zähne mit Erfolg behandelte,
hatte mir empfohlen, ein Buch über Kindererziehung zu schreiben.
Allein aus diesem Grund ist dieses Werk entstanden.

Salim M. Ali

Handbuch zur Kindererziehung

Zeichnungen: Viktoria Ullrich

Danksagung: Viktoria Ullrich, Christiane Mües, Kathrin Müller, Javed und Jakub Mües
für Korrekturlesen und weitere Unterstützungen

ISBN 9783754361238

Herstellung und Verlag: BoD – Books on Demand, Norderstedt
www.bod.de

Inhalt

Vorwort...9

Der Kinderwunsch..10

Die Schwangerschaftszeit...11

Schwangerschaft und Haustiere..12

Die Geburt..13

Hund und Baby...14

Familienname für das Baby...16

Rechtsschutzversicherung..17

Notwendiges für das Baby..18

Babysitter..19

Regelmäßige medizinische Versorgung...20

Ein langes Leben..21

Hygiene...22

Ausbildungsversicherung...23

Tagebuch zu gelegentlichen Ereignissen......................................24

Säuglingsphase – stillen...25

Säuglingstod...26

Ernährung und Vorbeugung...27

Erziehung ab dem ersten Lebensjahr...28

Bewegungseinschränkungen..29

Schlaf für Ihr Kind...29

Wutanfall...30

Ihr Kind ist kein Genie..31

Allgemeinwissen...32

Die erste Sprache auswählen...33

Aussprache und Logopädie..34

Vorlesen..35

Malen und basteln...35

Spiele...36

Urlaub mit Kindern..38

Kindergartenzeit – Leben mit anderen Menschen............................39

Haftpflichtversicherung..40

Musikalische Erziehung...41

Fahrrad fahren...42

Kinder sind wichtiger als der Beruf...43

Fernseher..43

Computer und Internet...44

Musik und Kopfhörer..44

Zimmerarrest...45

Eltern essen am späten Abend...46

Schimpfen und anschreien..47

Körperstrafe...48

Elternstreit...49

Wenn Kinder traurig werden..50

Erziehung zur Zahnpflege...51

Lippen-, Wangen- und Zunge beißen.................................52

Besitztümer und Egoismus..53

Umgang mit Geld...54

Kaufkraft und Einkaufen..55

Sexualkunde...56

Sexueller Missbrauch..56

Pubertätsalter...57

Geburtstage und Übernachtungen..57

Einschulung und die Vorbereitung dafür...........................58

Die Grundschule...58

Markenklamotten und die Schulnote...................................59

Die Lehrkräfte sind keine Feinde..60

Begleiten...61

Schulsport, Sport und Vereinssport......................................61

Sitzen..62

Kalt duschen...63

Hobbies und Liebhabereien..64

An Fingernägeln kauen..65

Kauen am Haarschopf..66

Zunehmende Pflichten zu Hause...67

Mit Kindern nicht streiten..67

Kochen lernen...68

Ihre Kinder sollten anderen Kindern Nachhilfe geben....68

Selbstvertrauen gewinnen..69

Erfolge und Niederlagen..69

Wetter...70

Perspektivlosigkeit bekämpfen..70

Leben und Zeit...71

Die Schulstufen..72
Wichtigste Schulfächer..73
Deutsch..74
Mathematik..76
Mathematik zum Einschlafen...78
Englisch...79
Die anderen Schulfächer..81
Konfrontationen mit den Gesetzen..82
Gruppenbildung...83
Glauben und Kultur...84
Die Frau...85
Der Mann...86
Rassismus..87
Die Hautfarbe..88
Ausländer, Inländer...88
Vorurteile..89
Belästigung..90
Vorbereitung für die Abiturnote...91
Keine Auszeit nach dem Abitur..92
Ausbildung oder Studium...93
Zielgerichtete Hilfsangebote..94
Ehrenamtliche Tätigkeiten...94
Auslandsreise..95
Autofahren, Motorradfahren..96
Bestrebung und Anstrengung...97
Tätowierung und Piercing..98
Extremsportler...100
Finanzielle Unterstützung..101
Bankkredit fürs Studium vermeiden..101
Elite-Institutionen vermeiden..102
Heimweh..102
Beginn des Studiums..102
Bachelorstudium und Masterstudium..103
Die Arbeitssuche..103
Wucherer, Profiteur, Nutznießer...104
Nicht an die Rente denken..105
Lebenslang lernen..105
Keine Gegenleistung von den Kindern erwarten...........................105

Erbschaft...106
Die Erfolge der Kinder sind die Erfolge der Eltern....................................108
Eine unendliche Aufgabe..108
Eltern – eine verlässliche Anschrift in Schwierigkeiten.............................108

Vorwort

Das Wichtigste einer Nation ist die Bevölkerung und noch wichtiger ist die Qualität der Bevölkerung. Die Gestaltung einer Qualitätsbevölkerung beginnt im sehr frühen Alter eines Kindes und läuft sein Leben lang. Trotzdem sind die Jahre ab dem Säuglingsalter, dem Kindesalter und dem Pubertätsalter die wichtigste Zeit dafür. Für die Erziehung eines Kindes sind vorwiegend die Eltern zuständig und diese Rolle kann mit Geld nicht einfach ersetzt werden. In dieser hier vorliegenden Arbeit werden nur gewöhnliche Familien beschrieben, unabhängig davon, ob die Eltern verheiratet sind oder nicht. Jede Art von Ausnahmen wurde ausgeschlossen und es wird nur versucht, die grundlegenden Dinge zur Erziehung zu erwähnen.

Die von mir verwendete Sprache in dieser Arbeit ist einfach, schlicht, verständlich und Fachbegriffe oder Fremdwörter wurden selten benutzt. Die Inhalte dieses Werks sind vorwiegend konsensorientiert und nicht die endgültigen Mitteilungen für Kindererziehung. Jedes Wissensgebiet kann unendlich erweitert werden. Die hier behandelten Themen bestehen aus Jahrzehnte langen Erfahrungen, Beobachtungen und Informationen aus erster Hand. Trotzdem kann es unterschiedliche Vorstellungen im Bereich der Erziehung geben, die auch wichtig sind. Diese Arbeit hat sich zum Ziel gesetzt, der in Deutschland lebenden Gesamtbevölkerung zu dienen, unabhängig der kulturellen Unterschiede. Dazu passt eine orientalische Geschichte zur Kindererziehung aus dem Altertum:

Eine Mutter ging mit ihrem achtjährigen Sohn, der an Zuckersucht litt, zu einer Heilanstalt. Nach der Anhörung der Beschwerde der Mutter, sagte der verantwortliche Heiler, dass sie mit ihrem Sohn nach Hause gehen und eine Woche später wieder kommen solle. Genau eine Woche später kam die Frau mit ihrem Sohn und das Kind wurde für eine Heilkur aufgenommen. Die Frau ging nach Hause, kehrte eine Woche später zurück und der Heiler sagte, dass ihr Sohn völlig geheilt wurde. Die Frau fragte, warum ihr Kind beim ersten Besuch nicht aufgenommen wurde. Daraufhin antwortete der Heiler: "Ich habe auch viel Zucker gegessen und brauchte eine Woche, um mich zu ändern."

Der Kinderwunsch

Gewöhnlich verfügt jedes Lebewesen über den Drang Nachkommen zu zeugen, ausgenommen der zivilisierte Mensch, weil er oder sie weiß, dass die Verantwortung für die Kindererziehung nicht einfach ist. Allein aus dieser Überlegung heraus, verzichten viele auf Nachwuchs. Unendliche Faktoren spielen eine Rolle, warum es nicht möglich ist Kinder zu zeugen. Trotz aller Hindernisse kommen immer wieder Kinder zur Welt, weil sie Anspruch auf einen Platz auf der Erde haben, die ihre Eltern bevölkern.

Der Kinderwunsch ist nicht vom Wohlstand abhängig, sondern ein Naturgesetz. Andererseits verfügen religiöse, kulturelle, politische, wirtschaftliche Vorstellungen und auch Bildungsmangel über einen bedeutenden Einfluss, dort wo viele Kinder geboren werden, obwohl die Eltern nicht in der Lage sind, sie zu erziehen und zu versorgen.

Um Kinder zu bekommen und zu erziehen, zuerst im Säuglingsalter, sind allein die Eltern oder mindestens ein Teil der Eltern zuständig. In Ausnahmefällen kann andere Hilfe geholt werden, aber im Grunde genommen, soll ein Kind immer von den Eltern begleitet werden. Es hilft nicht, später jemanden zu beschuldigen, wenn mit dem Kind irgendetwas passiert ist. Alkoholiker, Drogensüchtige oder Raucher, die ihre Sucht nicht aufgeben können, sollten keine Kinder gebären. Dazu sollen Menschen, die keine Zeit für Kinder haben, auch keine zeugen.

Kinder sind ein Teil des Lebens und nur durch Kinder lebt der Mensch weiter. Hier sollte niemals gedacht werden, dass Kinder die Freiheit der Eltern rauben werden. Freiheit ist nicht nur die Zeit für Freizeit, Feiern oder zum Genießen, sondern diese Freiheit kann auch mit Kindern gestaltet werden. Anstatt allein oder zu zweit zu reisen, kann mit den Kindern eine Reise unternommen werden. Feierlichkeiten, auf denen Kinder unerwünscht sind, sollten einfach vermieden werden, weil Kinder Priorität haben.

Trotz aller Bedenken und Bemühungen - wenn Kinder als Störfaktor gesehen werden, sollte man keine Kinder in die Welt setzen. Für diesen Zweck gibt es genügend Verhütungsmittel. Aber eins muss der Mensch wissen, dass die Zeit sehr schnell vergeht und irgendwann die Frage auftauchen wird: "Wer bin ich und wofür lebe ich?" Um dann Kinder zu bekommen, wird es sicherlich zu spät sein.

Die Schwangerschaftszeit

Schwangerschaftszeit bedeutet nicht, dass die Frau allein in dieser Zeit die Verantwortung zu tragen hat. Der Partner hat die gleiche Pflicht, weil ohne ihn die Befruchtung nicht möglich gewesen wäre. Ab Beginn der Schwangerschaft können die beiden Eltern spüren, wie das Kind tagtäglich größer wird. Im mütterlichen Bauch bewegt sich das Kind, wenn der Vater nach Hause kommt. Wenn die Eltern streiten, bekommt es das Kind direkt mit.

Je fortgeschrittener die Schwangerschaft ist, desto mehr sollte die Frau ruhen können. Extreme körperliche Bewegungen, schweres Heben, Joggen, Ausübung von Yoga, viele Treppen steigen, sich ärgern, depressiv sein, sowie Rauchen und Alkoholkonsum sollten möglichst vermieden werden. Ausgenommen ist die Schwangerschaftsgymnastik, durchgeführt von anerkanntem Fachpersonal. Der Hunger der Frau wächst mit der fortgeschrittenen Schwangerschaft, weil die Nahrung auch für den Untermieter im Mutterleib bestimmt ist. Aus diesem Grund sollte die Versorgung so weit wie möglich reichhaltig und bekömmlich sein, wobei schwer verdauliche oder ungewöhnliche Lebensmittel vermieden werden sollten.

Die Müdigkeit nimmt zu, das ist kein Leiden oder eine Erkrankung, sondern ein Zeichen dafür, dass die Frau mehr ruhen sollte. In diesem Zustand nehmen manche Schwangere Eisenpräparate zu sich. Das macht die Frau fit und tauglich für schwerere Arbeit, wodurch das Fehlgeburtsrisiko steigen kann. Lesen, schreiben, Musik hören, gutgelaunt singen, essen und schlafen sind die besseren Alternativen. Ein eifriges Warten auf die Geburt oder sogar Ängstlichkeit werden nicht helfen, sondern man sollte einfach dankbar sein für die schöne Zeit. Die regelmäßigen Untersuchungen in der Arztpraxis sind ein absolutes Muss.

Schwangerschaft und Haustiere

Hunde, Katzen, Hamster, Meerschweinchen, Kaninchen, Vögel im Käfig, sogar Nutztiere können verschiedene Krankheiten, inklusive Toxoplasmose an Schwangere übertragen. Um ein Risiko zu vermeiden, sollten Schwangere so weit wie möglich Körperkontakte mit Tieren jeder Art vermeiden.

Haustiere wie Hunde und Katzen laufen überall mit nackten Pfoten herum. Bakterien, Viren, Nematoden, Trematoden, Läuse und Zecken werden mitgeschleppt, die gegebenenfalls eine Gefahr für das Baby werden können. Auch die Haare von Hunden und Katzen sind für das Baby gesundheitsschädlich.

Hunde können einige gefährliche Darmbakterien beherbergen, weil sie fast alles, was sie auf dem Weg finden, in ihr Maul nehmen. Außerdem kann der Mundschleim eines Hundes zahlreiche Bakterien und Viren beinhalten, die sehr gefährlich für das Baby sein können. Eine Trennung der Neugeborenen von diversen Haustieren ist eine bessere Option als leichtgläubig zu sein – "Mein Baby wird mit meinem Hund und meiner Katze groß."

Die Geburt

Die Geburt ist nicht wie die Landung eines Flugzeugs, wo kurz vor dem Aufsetzen im Zweifel noch durchgestartet werden kann. Für die Geburt ist eine präzise Vorbereitung von großer Bedeutung, obwohl genügend Beispiele vorhanden sind, dass es eine unerwartete Geburt an jedem Ort geben kann. Eine Geburt muss durchdacht und geplant werden – das nahe liegende Krankenhaus, Gespräch mit der Hebamme, die Entfernung zum Krankenhaus, Verfügbarkeit auf der Geburtsstation, für das Baby die nötigen Accessoires für zu Hause besorgen.

Wenn sich der Geburtstermin nähert, sollte die Heftigkeit und Häufigkeit der Geburtswehen ernsthaft beachtet werden. Eigentlich sollte mit kleineren Wehen das Krankenhaus aufgesucht werden. Hier steht die Frau im Vordergrund, dann das werdende Baby und zuletzt der Mann, obwohl die Frau den Mann unbedingt in ihrer greifbaren Nähe braucht. Die Frau wird sehr unruhig, dagegen sollte der Mann absolut ruhig bleiben, die Nerven nicht verlieren und vollstes Vertrauen gegenüber dem Krankenhauspersonal zeigen.

Der Mann sollte nicht die Rolle des Geburtshelfers übernehmen, ausgenommen er gehört zum Krankenhauspersonal. Untersuchungen zufolge kann ein unerfahrener Mann später an psychischen Störungen leiden, wenn er die Geburt direkt verfolgt hat. Am besten ist es hinter dem Kopf der Frau zu stehen, ihre Stirn, ihr Gesicht zu berühren und leise zu reden - es wird alles gut.

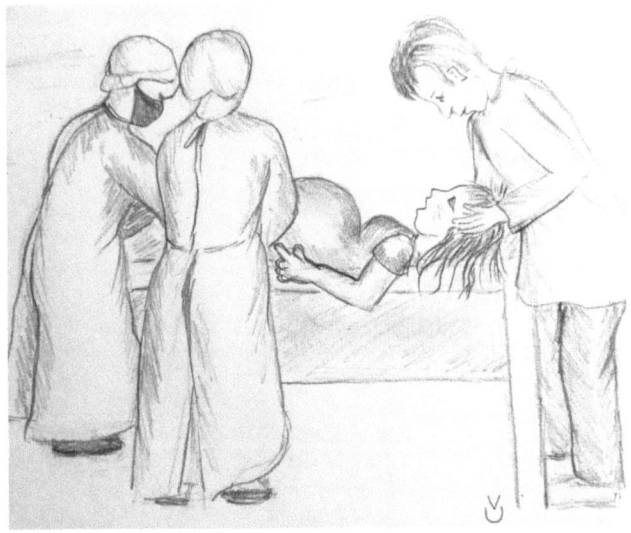

Hund und Baby

Viele besitzen einen Hund, lieben ihn wie ein eigenes Kind oder behandeln ihn als ein Familienmitglied. Der Hund sitzt auf dem Schoß, schläft sogar mit dem Besitzer im Bett und schenkt seinem Eigentümer sein vollstes Vertrauen. Einen noch besseren Freund kann es nicht geben. Plötzlich wird die Frau schwanger, eines Tages wird das Baby geboren und aufgrund von Hygienemaßnahmen sollte der Hund nun einen Sicherheitsabstand halten oder vom Baby fern bleiben. Dies verursacht Wut und Unfassbarkeit gegenüber dem Baby und womöglich macht der Hund kurzen Prozess. Informationen darüber sind reichlich vorhanden, wie ein verwirrter Hund einem Neugeborenen etwas Schlimmes angetan hat. Der Hund wurde eingeschläfert, das Baby wurde beerdigt und die Eltern waren am Boden zerstört.

Man muss sich entscheiden, entweder Nachwuchs oder Hund. Liebe kann nicht geteilt werden. Das einschlägige Schicksal der modernen Hundehaltung basiert auf Gefangenschaft, Dosenfutter, Trockenfutter, Sterilisation, Kastration, Isolation, Ernährungskrankheiten und Euthanasie. Bei steigenden gesundheitlichen Beschwerden wird der Hund in der Tierarztpraxis oder auch zu Hause unbarmherzig eingeschläfert. Zuerst raubt der Mensch dem Hund alles – seine Freiheit, seine Sexualität, sein Recht Nachwuchs zu zeugen, sein Recht zur Rudelbildung und dann kommt jemand aus heiterem Himmel, der mehr geliebt wird als er selbst - wie kann das funktionieren? Es ist eine Art von unvorstellbarer Tierquälerei.

Dass ein Hund den Beginn der Schwangerschaft seines Frauchens sofort spürt oder ein Hund gegenüber dem Baby eifersüchtig wird, ist frei erfunden. Eifersucht ist nur für Menschen zutreffend. Tiere werden in Abhängigkeit vom Futter, besonders Leckerlis als Belohnung, ausgebildet: Hunde zur Drogensuche, Ratten zur Landminensuche oder Schweine zur Trüffelsuche, aber Hunde, die eine Schwangerschaft erschnuppern, sind bekanntlich nicht trainiert worden. Wenn ein Baby das Kindesalter erreicht hat, kann ein Welpe in die Familie integriert werden, vorausgesetzt, dass das Kind nicht für den Hund zuständig sein wird. Untersuchungen zur Folge, können Kinder bis zum Beginn des Pubertätsalters Hunde nicht versorgen und mit ihnen nicht Gassi gehen. Gewöhnlich werden Hunde ab dem 12. Lebensjahr eingeschläfert, aber das Kind wird das elterliche Dasein auch über deren Tod hinaus erben und im eigenen Leben weiterleben.

Familienname für das Baby

Der Familienname ist leider immer noch einer Art Visitenkarte. Besitzt ein Mensch einen gehobenen, adeligen oder einen gewöhnlichen Namen, wird das Baby in der Regel einen normalen Umgang mit deren Mitmenschen haben. Die meisten Familiennamen, die berüchtigte Kriegsverbrecher hatten, wurden schon geändert, aber geblieben sind die Namen mit unangenehmen, vulgären oder lächerlichen Wörtern und ein Kind mit solch einem Namem wird psychisch leiden, weil das Kind sich über seinen Familiennamen oft merkwürdige Äußerungen anhören muss.

Normalerweise besitzt mindestens ein Elternteil einen bürgerlichen Namen und den besser klingenden Namen sollte das Kind bekommen. Ein Kind mit einem unnormalen Namen wird vom Kindergarten an, gehänselt "He du ......" und dies wird es lebenslang in allen Situationen verfolgen. Laut § 3 des deutschen Namensänderungsgesetzes, darf ein Familienname nur geändert werden, wenn ein wichtiger Grund die Änderung rechtfertigt. Hier ist der wichtige Grund die Psyche des Kindes, die ständig bedroht wird. Mit dieser Begründung kann beim Bürgeramt oder Standesamt ein schriftlicher Antrag gestellt werden. Bei Schwierigkeiten mit den Behörden, suchen Sie einen Rechtsweg, beauftragen Sie eine Anwaltskanzlei und die Gebühren wird Ihre Rechtschutzversicherung übernehmen.

Der Name muss von Anfang an in das Geburtenregister sowie in die Geburtsurkunde eingetragen werden und nicht später, denn beim Ausfüllen der Formulare wird die Frage auftauchen – `Name bei der Geburt?`. Trotzdem ist ein später geänderter Name besser als lebenslang mit einem nicht hinnehmbaren Namen zu existieren.

Rechtsschutzversicherung

Sie wissen nicht, was Ihr Kind alles anrichten kann und deshalb ist es erforderlich bevor das Kind geboren wird, eine Familien-Rechtsschutzversicherung abzuschließen. Eine Rechtsschutzversicherung ist in jedem Fall besser als bares Geld und dies erleichtert es einen Rechtsweg aufzusuchen. Wählen Sie nicht den günstigsten Anbieter, sondern holen Sie sich eine Empfehlung ein. Denken Sie daran, dass eine Rechtsschutzversicherung für willkürliche Streitigkeiten nicht bezahlt.

Die Familien-Rechtsschutzversicherung kommt für Kinder bis zum eigenen Gehalt oder bis zum 25. Lebensjahr mit auf. Tatsächlich wird das Kind verwöhnt von allen Schutzmaßnahmen, die seine Eltern abgeschlossen haben und verdient es eigenes Geld, denkt es nicht daran selbst Versicherungen abzuschließen. Die Eltern sollten deshalb unbedingt darauf achten, dass ihr Kind eine eigene Haftpflichtversicherung und Rechtsschutzversicherung abschließt. Über die restlichen Versicherungen kann das Kind selbst entscheiden.

Notwendiges für das Baby

Babybett, Wickeltisch, sanfte Babywaschlappen, Pflegecreme, Windeln, Wundsalbe, geeignete Klamotten und viele andere Dinge, womit ein Baby gewaschen, gehalten, getragen und rund um die Uhr versorgt werden kann, sind notwendig für eine moderne Gesellschaft. Die Abteilungen für Neugeborene in einer Drogerie, einem Supermarkt oder einem Kaufhaus bieten alles, was ein Baby braucht.

Außer Muttermilch braucht das Baby reines stilles Wasser zum Trinken. Das Baby heult, weil es vielleicht Bauchschmerzen hat. In diesem Zustand tragen Sie das Baby auf der Bauchseite auf Ihrer Hand und Ihrem Unterarm, bewegen sich langsam, laufen rum, reden oder singen. Packen Sie das Baby nicht zu warm ein und schütteln Sie es auf gar keinen Fall.

Babysitter

Aus unterschiedlichen Gründen wird ein Babysitter benötigt, der für einige Stunden auf das Baby aufpassen soll. Einem Babysitter, dem man vertrauen kann, ist eine Sache für sich, da es sich nicht nur um den Stundenlohn handelt, den Sie bezahlen müssen, sondern auch darum, ob Sie die Person gut kennen und ob sie zuverlässig ist. Diese Punkte sind wichtiger als alle anderen Fragen. Babysitter-Skandale sind nichts Neues. Deshalb tragen Sie am besten Ihr Baby mit, wo auch immer Sie hingehen.

Regelmäßige medizinische Versorgung

Die Menschheit ist sehr alt, aber bis zum Beginn des 20. Jahrhunderts blieb die Welt-Bevölkerungszahl unter einer Milliarde Menschen. Das lag an der höheren Kindersterblichkeitsrate. Manchmal hat eine Frau bis zu ihrem 36. Lebensjahr 12 Kinder geboren, aber keines hat überlebt, weil die Infektionskrankheiten, die Kinder im schutzlosen Alter weitestgehend vernichtet hatten. Die Kinderkrankheiten sind immer noch vorhanden, aber dafür gibt es Vorbeugungsmaßnahmen, wodurch das Problem der Säuglings- und Kindersterblichkeit weitestgehend beendet ist. Aus diesen Gründen gehört der regelmäßige Kinderarztbesuch zur Pflicht.

Ein Kind sollte soweit wie möglich naturgemäß aufwachsen, Resistenzen im Körper bilden und wenn es nicht nötig ist, muss nicht unbedingt zum Arzt gelaufen werden. Aber über jede Art von Anomalität muss der behandelnde Arzt informiert werden. Außerdem gehört eine regelmäßige Untersuchung durch den Kinderarzt zur Routine. Für die wichtigste gesundheitliche Versorgung sind die Eltern zuständig. Sie müssen ständig auf dem neuesten Stand sein und sich informieren und sich nicht allein auf Medikamente oder Arztbesuche verlassen, denn der Arzt sieht das Kind nur selten, aber die Eltern immer.

Ein langes Leben

Es klingt komisch, aber es ist möglich, dass die neue Generation ein sehr langes Leben vor sich haben kann. Die Lebenserwartung vor 200 Jahren lag bei 24 Jahren, vor 100 Jahren lag sie bei 36 Jahren und heute liegt sie bei 73 Jahren, eine über 200-prozentige Steigerung. Die jetzige Generation kann laut zahlreicher Untersuchungsergebnisse 200 oder 300 Jahre alt werden. Aber die Langlebigkeit verliert an Bedeutung, wenn diese von Beschwerden und Medikamenten begleitet wird.

Um ein gesundes Leben führen zu können, muss der Körper ständig geschützt werden. Dieser Schutz besteht primär aus zwei Teilen – Schutz von außen und von innen. Die von außen kommenden Störungen können Unfälle oder Verletzungen sein, sie können plötzlich auftreten. Dagegen sind die von innen verursachten Störungen vorwiegend konsumbedingt. Allein durch den Konsum kann der Mensch ein weitestgehend beschwerdefreies Leben genießen.

Der wichtigste Bestandteil des Körpers ist der Kopf, womit der Mensch sein Leben unter Kontrolle hält. Der Kopf trifft alle Entscheidungen und gestaltet alle Art von aktiven und passiven Handlungen. Hier ist es die Aufgabe des Menschen den Kopf unter Kontrolle zu halten, da hier Wut, Trauer, Eifersucht, Depression, Gier oder Rache verursacht wird. Wenn der Mensch von Anfang an lernen würde den Kopf unter Kontrolle zu halten, würde er sein ganzes Leben lang in der Lage sein sich zu beherrschen.

Alkohol, Drogen, Rauchen, viel tierische Speisen, häufig Essen gehen, häufig Fastfood essen, zuckerhaltige Getränke und auch Medikamente können den Körper, im Besonderen die inneren Organe, verletzen. In einer modernen Welt sind die Lebensmittelangebote sehr groß und der Mensch hat die Möglichkeit kluge Entscheidungen zu treffen.

Hygiene

Mit Hygiene sollte man sehr vorsichtig umgehen, da die Babyhaut sehr zart und empfindlich ist und keine Desinfektionsmittel vertragen kann. Höchstens eine neutrale Seife, die dermatologisch für Neugeborene zugelassen ist, kann benutzt werden, jedoch ist einfaches sauberes Wasser ausreichend für die Babyreinigung. Die Windeln müssen häufig kontrolliert und getauscht werden, ansonsten besteht die Gefahr von Hautausschlag. Auch Baden im lauwarmen Wasser ohne Waschmittel ist besser als mit einem Lappen die Haut zu reiben, da so eventuell Verletzungen verursacht werden können. Die Babyklamotten und Kinderklamotten jeder Art, ausgenommen von Jacken und Schuhen, sollten unbedingt vor dem ersten Gebrauch gewaschen werden, weil sie eventuell Giftstoffe beinhalten können.

Die Babynägel sind sehr weich und lassen sich vorsichtig von den Eltern mit sauberen Händen und Fingernägeln leicht abpulen. Die Nutzung einer Nagelschere oder eines Nagelknipsers kann gefährlich werden, weil so die Haut und das Gewebe verletzt werden können.

Die Hygienemaßnahmen sollten später an die Kinder weiter gegeben werden, indem sich die Kinder nach dem Urinieren selbst abtrocknen, nach dem Toilettengang sich den Po mit feuchtem Toilettenpapier säubern und anschließend die Hände waschen. Diese Maßnahme ist in der Natur nicht nötig, aber in der Zivilisation trägt der Mensch Klamotten, die in Verbindung mit Urin und Kot Hautprobleme wie Kratzen verursachen können. Kinder müssen lernen, dass nach der Nutzung die Toilette und die Dusche - beziehungsweise das Badezimmer - immer sauber verlassen werden. Ansonsten besteht die Gefahr, in einer gemeinsamen Unterkunft, wie in einer Wohngemeinschaft, als "DRECKIG" eingestuft zu werden.

Ausbildungsversicherung

Versicherung bedeutet Sicherheit, Bürgschaft oder Schutzmaßnahme. Es ist besser einen kleinen Beitrag für einen bestimmten Zweck zu zahlen als Geld auf die hohe Kante zu legen. In diesem Fall sollte eine Ausbildungsversicherung für das Kind kurz nach der Geburt abgeschlossen werden. Wenn die monatliche Rate 30 Euro beziehungsweise täglich 1 Euro betragen würde, würde die Versicherung bei Erreichen des 18. Lebensjahres, inklusive Zinsen, sieben- bis achttausend Euro auszahlen. Diese Summe ist ausreichend für die Erstausstattung des Kindes außerhalb des elterlichen Hauses wie Transportkosten, Mietkaution, Möbel, Einschreibungsgebühren und viele andere Ausgaben, die sonst den Eltern als eine plötzliche Belastung vorkommen.

In der Ausbildungsversicherung sollte auf gar keinen Fall das Kind als berechtigte Person eingetragen werden, sondern nur die Eltern und das Kind weiß nur, dass die Eltern es finanziell unterstützen. Ansonsten bestehen mehrere Gefahren wie: Das Kind verfügt auf einmal über viel Geld, dies könnte für falsche Zwecke ausgegeben werden, es begleicht seine Schulden damit, es versucht das Geld zu vermehren und verliert dabei alles. Außerdem wird das Kind keinen Anspruch auf BAfög haben, wenn es so viel Geld auf dem eigenen Konto hat. Für die Eltern ist es ihr gutes Recht für die Ausbildungszwecke ihres Kindes zu sparen.

Tagebuch zu gelegentlichen Ereignissen

Vor der Geburt sollte ein blanko Tagebuch aus einem Schreibwarengeschäft gekauft und alle interessanten Ereignisse dort eingetragen werden. Wie oft hat das Kind im Mutterleib getreten hat, die Beobachtungen nach der Geburt, die ersten Wörter, die ersten Schritte und viele andere Dinge, die später für gewöhnlich vergessen werden, können in diesem Buch eingetragen werden.

Für die Eintragung im Tagebuch braucht es keine Sprachbegabung. Es kann einfach aufgeschrieben werden, wie das Kind erst die Wände des Kreissaals anschaute und dann angefangen hatte zu schreien oder das erste Wort Mama war und nicht Papa. Krabbeln, aufstehen, laufen, weglaufen und alle anderen merkwürdigen Geschehnisse sollten einfach dort aufgeschrieben werden. Es ist in diesem Sinne keine Literatur, sondern ein Hilfsmittel für das Kind und für die Eltern, um die Erinnerungen zu stärken.

Säuglingsphase – stillen

Die Säuglingsphase ist die schönste Zeit mit dem Kind. Der Säugling hat keine andere Beschäftigung außer essen, trinken, die Windel voll machen, schreien und schlafen, dennoch weiß das Kind genau Bescheid, ob die Eltern da sind oder nicht.

Wenn es keine gesundheitlichen Probleme von der Mutterseite gibt, ist es für beide am besten unbedingt zu stillen. Im Mutterleib wurde das Kind durch die Nabelschnur versorgt, die mit der Plazenta verbunden war. Diese Versorgung besteht aus Nährstoffen in hochmolekularen Verbindungen. Das bedeutet, die konsumierte Nahrung der Mutter wird erst verdaut und dann in Form von Energie durch die mit der Nabelschnur verbundene Plazenta geliefert. Hier ist der Verdauungstrakt der Mutter zuständig für den Stoffwechsel des Babys. Nach der Geburt wird das Baby von der Plazenta getrennt. Erstaunlicherweise entwickelt sich die Muttermilch sofort und das Baby fängt an zu saugen.

Stillen und Saugen hat die gleiche Bedeutung. Weil vor der Geburt die Mutter die Nahrungsquelle war, ändert sich nach der Geburt nicht viel, sondern wandelt sich zu einer anderen Form um. Jetzt fängt der Verdauungstrakt des Babys an zu arbeiten, das Baby bekommt Bauchschmerzen und fängt an zu schreien. Das Baby schreit noch mehr, wenn es mit Fremdnahrung versorgt wird, weil diese Nahrung vom eigenen Körper nicht erkannt wird. Zahlreiche Untersuchungen sind vorhanden, die besagen, dass eine Frau, die für eine längere Zeit gestillt hat, dem Risiko des Brustkrebs nur geringfügig ausgesetzt ist.

Säuglingstod

Es ist besser, wenn ein Neugeborenes neben der Mutter schläft und trotz aller körperlichen Anstrengungen sollte die Mama sehr vorsichtig schlafen. Wenn das Baby plötzlich nicht mehr atmet, es einfach hochheben und versuchen das Baby zu wecken. Dieses Verfahren sollte mindestens 6 Monate andauern und ab dem 12. Lebensmonat besteht kaum noch Gefahr für einen sogenannten Säuglings- oder Kindstod.

Ernährung und Vorbeugung

Zahlreiche Synonyme sind für Leben vorhanden, aber das allerwichtigste ist Nahrung, da ohne Nahrung kein Leben möglich ist. Hier steht die Qualität der Nahrung im Vordergrund, obwohl die Qualität wenig mit dem Preis oder der Kaufkraft zu tun hat. Gewöhnlich ist die günstigere Nahrung die gesündeste, weil sie vor Ort produziert wird. Außerdem sind die Nahrungsmittel pflanzlicher Herkunft gesünder und günstiger. Als Beispiel: Ein Kilogramm Kartoffeln ist günstiger als ein Kilogramm Fleisch aus der Region. Pflanzliche Grundnahrung wie Getreide oder Kartoffeln beinhalten niedrige Proteine, dagegen enthalten Hülsenfrüchte weit mehr Proteine als Fleisch. Außerdem ist die Palette der pflanzlichen Lebensmittel unbegrenzt vorhanden.

Der Mensch ist kein Raubtier, er verfügt über keine anatomischen und physiologischen Eigenschaften, um ohne Hilfsmittel ein großes Tier zu fangen, zu zerlegen und ohne Hitzebehandlung zu verzehren. Die technischen Errungenschaften haben es ermöglicht, Nahrungsmittel tierischer Herkunft im großen Maße zu konsumieren. Leider wurde der menschliche Körper dafür nicht ausgerüstet. Viele behaupten, dass der Fleischkonsum wichtig für den Vitamin B-12 Haushalt sei, aber jedes Säugetier, inklusive des Menschen, produziert mit Hilfe der Darmbakterien das B-12 (Cobalamin) selbst.

Als Allesfresser hatte der frühere Mensch eine sehr kurze Lebensdauer, ähnlich wie ein Wildschwein. Heute verlängert sich die Lebenserwartung des Menschen um das Mehrfache. Aber Ernährungskrankheiten werden begleitende Verhängnisse, wenn die Nahrungsaufnahme vorwiegend aus tierischer Herkunft besteht. Außerdem verursacht übermäßiges Essen Übergewicht und Fettleibigkeit.

Erziehung ab dem ersten Lebensjahr

Ruckzuck wird das Kind das erste Lebensjahr überwinden und während dieses Zeitraums ein Teil des Lebens der Eltern werden. Das Kind beschäftigt die Eltern sehr und immer wieder möchte es auf dem Arm getragen werden. Als Naturinstinkt versucht das Kind alles, was es findet, in den Mund zu nehmen und deshalb müssen die Eltern sehr aufpassen. Außerdem müssen alle Steckdosen geschlossen sein, sonst besteht die Gefahr, dass ein Nagel oder eine Schraube in das Loch der Steckdose gesteckt wird. Ähnliche Ereignisse können vorkommen, wenn das Kind unbemerkt über die Straße läuft, etwas aus einem Teich heben möchte, plötzlich vor einem Hund steht oder an der Blüte der giftigen Trompetenblume riechen möchte. Die Gefahren in diesem Alter sind endlos und allgegenwärtig.

Generell fängt ein Baby ab dem 11. Monat an zu laufen. Aufstehen, schrittweise gehen, immer wieder hinfallen, wieder aufstehen - so fängt das Kind an sich zu äußern. Die wichtigsten Dinge dabei sind: Helfen zu laufen, Möglichkeiten geben um sich festzuhalten, Beinkraft durch Beinmassage erhöhen und immer aufpassen, wohin das Kind läuft. Wenn die Eltern ihren Kindern von Anfang an immer wieder die korrekte Laufart zeigen, wird das Kind später gut und gerade laufen und nicht mit einem Bein nach außen oder nach innen. Um die richtigen Übungen zu machen, sollte das Kind barfuß laufen, damit die korrekten Bewegungen beobachtet werden können. Im Winter kann drinnen und im Sommer draußen barfuß gelaufen werden, aber Vorsicht bei Insekten wie Wespen! Die Laufbewegungen mit Schuhwerk müssen angepasst werden, sonst läuft das Kind anomal und zwar für das ganze Leben.

Bewegungseinschränkungen

Das erste Wort zur Erziehung ist NEIN. Nicht nur für Kleinkinder - die Zivilisation besteht aus lauter Verboten. Viele dieser Verbote sind gesetzlich verankert und die restlichen gehören zum Konsens, beziehungsweise zur allgemeinen Übereinstimmung. Kinder sind grenzenlos, möchten, dass fast alles erlaubt ist, aber dass das Leben lebensgefährlich ist, ist bekannt. Das Leben in einem Urwald ist genauso gefährlich wie in einer sehr modernen Gesellschaft. Die Gefahren kommen ohne Vorwarnung aus allen Himmelsrichtungen und deshalb ist der einzige Weg, um Kinder großziehen zu können, ständige Aufmerksamkeit.

Kinder werden akzeptiert, nicht wegen ihrer Bekleidung oder Begabung, sondern eher durch ihr Verhalten und Benehmen. Artigkeit, Freundlichkeit, Höflichkeit und Hilfsbereitschaft sind Merkmale, die ein Kind beliebt machen.

Schlaf für Ihr Kind

Babys bis zum dritten Monat schlafen wann sie wollen. Sie schlafen, unabhängig von den Umständen, bis zu 17 Stunden am Tag. Mit zunehmendem Alter wird der Schlaf immer weniger. Wenn Ihr Kind das Kindergartenalter erreicht, schläft es vielleicht nur 12 Stunden und im Grundschulalter werden es um die 10 Stunden sein. Der Schlaf ist mit der Beschäftigung des Gehirns direkt verbunden, mit steigendem Alter steigt die Denkweise und entsprechend reduziert sich der Schlaf.

Jeder Mensch ist ein einmaliges Unikat auf dieser Welt und deshalb kann es keine tabellarische Schlafordnung zum entsprechenden Alter geben. Bei Kleinkindern brauchen Sie sich nicht viele Sorgen zu machen, sie schlafen sowieso, aber bei den Schulkindern wird es schwieriger. Der größte schlafraubende Faktor ist die Informationstechnologie und diese abzuschaffen, ist unmöglich. Trotzdem können Sie mit Ihren Kindern über die schädlichen Wirkungen der Bildschirme, des Telefonierens und der häufigen Strahlung diskutieren und auch nach deren eigenen Meinung fragen. Das ist ein besserer Kompromiss als ein Schlafdiktat wie: "Es ist 20 Uhr und du gehst ins Bett."

Wutanfall

Kinder bekommen unregelmäßig Wutanfälle und die Ursachen dafür sind unterschiedlich wie die Fingerabdrücke der Menschen. Beobachten Sie die Art und Weise des Wutanfalls Ihres Kindes und notieren Sie ihn. Sprechen Sie später mit Ihrem Kind über das Thema und erzählen Sie ihm, dass viele Kinder einen Wutanfall bekommen und die Eltern nicht wissen, was sie dann tun sollen. Es ist ein einfaches Ereignis, verursacht durch die Entwicklung unterschiedlicher Chemikalien im Körper. Die Kinder können die Situationen einfach meistern, indem sie ein bisschen kaltes Wasser trinken und vorübergehend den Ort oder das Zimmer wechseln. Nur Eltern, die mit einem Wutanfall nicht umgehen können, schimpfen oder schlagen ihr Kind, was nicht helfen wird. Wenn Sie in solchen Situationen Ihre Nerven nicht verlieren, wird das Kind es verstehen und Sie als gute und verständige Eltern einstufen.

Ihr Kind ist kein Genie

Viele Eltern wollen, dass ihr Kind etwas Besonderes werden soll. Sie versuchen das Kind zielstrebig zu drillen, um ihren Intelligenzquotienten zu steigern, wobei dadurch die physische und psychische Lage des Kindes beeinträchtigt wird. Der Körper und das Gehirn entwickeln sich langsam mit der Zeit und dem Alter. Kinder sollten nicht überfordert werden, sondern sich im Laufe der Zeit schrittweise entwickeln. Damit wird das Kind nicht seiner Kindheit beraubt, wird von den anderen Kinder nicht getrennt, bekommt keine besondere Aufmerksamkeit und führt so ein verträgliches Kinderleben. Also, bedenken Sie, dass Ihr Nachwuchs kein Genie ist, sondern ein ganz normales Kind.

Allgemeinwissen

Das Allgemeinwissen beginnt in sehr frühem Alter und endet mit dem Lebensende. Dieses Wissen kennt keine Fachgebiete oder Sachbereiche, denn jeder Mensch besitzt ein Unikatwissen und keiner hat das Recht es zu beanstanden oder zu bezweifeln. Es ist das individuelle Eigentum jedes einzelnen Menschen. Die vom Menschen verursachte Trennung der Wissensgebiete macht einen Menschen zum Spezialisten in einem bestimmten Bereich, aber das Allgemeinwissen kennt keine Grenze und Reichweite. So hat zum Beispiel jeder Mensch das Recht, sich über den eigenen Körper, Organe, Anatomie, Gesundheit und Erkrankungen zu informieren, obwohl dies das Fachgebiet der Mediziner ist, aber es gehört zum Grundrecht jedes Menschen sich über diese Dinge zu informieren.

Im Altertum gab es keine besonderen Fachgebiete. Ein Viehzüchter war Geburtshelfer, Tierarzt, Bauer oder Händler. Zeitgleich war ein Philosoph Dichter, Koch oder Politiker. Der berühmteste Ökonom der Welt, Adam Smith, war kein Wirtschaftler. Benjamin Franklin, der berühmte US-Amerikaner, war Schriftsteller, Verleger, Philosoph, Naturwissenschaftler, Erfinder und Staatsmann und hatte kaum schulische Bildung. Viele berühmte Persönlichkeiten waren sogar Analphabeten und dennoch haben sie wichtige Thesen für die Menschheit hinterlassen.

Die schulische Bildung ist begrenzt und direkt mit der Anerkennung durch Zertifizierung verbunden. Dagegen ist das Allgemeinwissen frei von allen Barrieren. Es ist besser, das Allgemeinwissen unter allgemeiner Geographie einzuordnen und alle anderen Wissensbereiche darunter zu packen. Humangeographie, Agrargeographie, Wirtschaftsgeographie, politische Geographie oder die Geographie der Länder, Natur und Himmelskörper. Bringen Sie Ihren Kindern alles Gute von Ihrem Wissen bei und lernen Sie gleichzeitig auch von Ihren Kindern. Je mehr Allgemeinwissen, desto leichter wird das Leben. Spezialwissen ist für den Beruf, um den Lebensunterhalt zu verdienen und Allgemeinwissen ist für das Leben.

Die erste Sprache auswählen

Wenn die Eltern eine gemeinsame Sprache sprechen, lernt das Kind die Sprache der Eltern. Wenn die Eltern jeweils eine andere Sprache sprechen, kann es kompliziert werden. Hier setzt sich das stärkere Elternteil durch. Wenn dann noch die herrschende Landessprache davon abweicht, wird es noch schwieriger. Als Beispiel: Die Mutter kommt aus China, der Vater aus den USA, beide leben in Deutschland. In solchen Fällen kann das Kind in einen Sprachkonflikt geraten und dadurch benebelt werden. Wenn die Eltern vorhaben dauerhaft in Deutschland zu bleiben, sollten sie mit ihrem Kind Deutsch sprechen und im Verlauf der Jahre kann die Sprache der Eltern dazu gelernt werden.

Die Sprache ist wichtig, um in ihr denken zu können und gleichzeitig ist diese die Denkkraft. Ein Mensch mit mehrsprachiger Erziehung kann unter einer Denkverwirrung leiden. Es kann nicht der Stolz der Eltern sein, dass ihr Kind zwei- oder dreisprachig ist, wenn sich diese Mehrsprachigkeit zum großen Nachteil für das Kind herausstellt. Wenn beide Elternteile die gleiche Sprache sprechen, es sich hier aber nicht um die deutsche Sprache handelt, werden gewöhnlich die Kinder zuerst die Sprache der Eltern lernen, die dann auch zur Denksprache wird. Dass der Mensch mehrsprachig denken kann, ist wissenschaftlich nicht belegt.

Aussprache und Logopädie

Fängt das Kind an zu sprechen, sollten die Eltern zuerst den Sprachverlauf ständig notieren, mitmachen, aber nicht korrigieren, stattdessen sollten sie selbst mit der richtigen Aussprache sprechen und einige Zeit später mit dem Verbessern beginnen. Nimmt das Kind trotz ständiger Versuche die korrekte Aussprache nicht an, kann dies am Gehör oder an den Stimmbändern liegen. In diesem Fall wird ein Arztbesuch nötig sein.

Wenn das Kind im dritten Lebensjahr immer noch Fehler in der Aussprache bei bestimmten Wörtern hat und die elterliche Spracherziehung nicht hilft, kann ab dem 4. Lebensjahr eine Logopädie Praxis aufgesucht werden. Die Eltern sollten aufpassen, dass sich die Aussprache ihres Kindes verbessert, besonders, wenn es bei den komplizierten Wörter anstatt, Taschentuch ' ‚Takentuk' oder anstatt ‚Frosch' ‚Foss' sagt. Wenn das Kind sich in der Aussprache weitestgehend verbessert hat, kann es bei der Logopädie-Praxis abgemeldet und wird so nicht zum Dauergast werden.

Die Logopäden sind zuständig die Aussprache bestimmter Wörter zu korrigieren und nicht für die Förderung einer Sprache. Für diese Zwecke sind die Eltern allein zuständig, indem sie immer wieder üben komplizierte Wörter zu sprechen. Manchmal können Eltern mit Absicht ein Wort falsch aussprechen, sodass das Kind die Eltern korrigieren kann, die sich dann dafür bedanken. Das Kind fühlt sich bestätigt und so geht es weiter mit der perfekten Aussprache.

Vorlesen

Kinder entwickeln Fantasie, wenn ihnen vorgelesen wird. Die Texte sollten passend für das Kindesalter sein und langsam, mit Betonung, guter Aussprache, je nach Bedarf laut und leise vorgelesen werden. Die Texte dürfen nicht zu lang sein, höchstens 20 Minuten, sonst besteht die Gefahr, dass es für das Kind langweilig werden kann. Wenn Kinder selbst in der Lage sind lesen zu können, sollten sie unbedingt den Eltern vorlesen und wenn zufällig ein Elternteil dabei einschläft, wird dies der größte Erfolg für das Kind sein.

Anstatt nur vorzulesen, können auch Erzählungen interessant sein. Jeder kann sich einen Satz ausdenken, um den vorherigen Satz fortsetzen zu können. Als Beispiel - Satz eins: Es gab ein Kind/Kasper/König, Satz zwei: Das hatte keine Eltern, Satz 3: Es wollte auswandern....

Malen und basteln

Es ist gut, Kindern im frühen Alter das Malen beizubringen, aber es muss nicht in einer Art Unterricht stattfinden. Malutensilien wie Buntstifte, Papierblock oder besondere Techniken können dabei behilflich sein. Einfach auf Papier oder auf eine Schiefertafel malen lassen und selbst daneben auch malen, ohne etwas zu fordern. Bald merken die Eltern, ob ihr Kind malbegabt ist oder kein Interesse daran hat. Wenn das Kind Interesse an einer bestimmten Malrichtung zeigt, kann diese vertieft werden.

Viele Kinder lieben es zu basteln, egal mit welchem Material. Es müssen nicht unbedingt aus einem Bastelladen verschiedene Bastelmaterialien gekauft werden. Vorhandene diverse Dinge wie Holz, Papier, Ton, Buntstifte werden ausreichend sein, um etwas zu basteln. Es ist ähnlich wie beim Malen und das Kind wird seine versteckten Talente zeigen und wenn nicht, dann soll das Kind nicht damit gequält werden.

Spiele

Sobald das Kind anfängt zu verstehen, können verschiedene Spielarten geübt werden. Verstecken, Geräusche machen oder Mimik können der Anfang sein. Im Laufe der Zeit kann eine kleine Höhle mit Wolldecken, Tischdecken oder Bettlaken gebaut werden, um sich dort verstecken zu können. Sich diese Art von Spielen auszudenken, hat keine Grenzen und entwickelt sich weiter mit dem Alter des Kindes. Wichtig ist dabei das Interesse des Kindes zu beachten.

Die Art und Weise des Malens, Bastelns, Spielens oder Mitdenkens entwickelt das Selbstbewusstsein und die Kreativität des Kindes. In einer modernen Welt wurden all die Sachen der Kindesfantasie beraubt, indem alles, woran ein Kind sein Interesse gezeigt hat, von der Industrie schon produziert worden ist und sehr günstig zum Kauf angeboten wird. Warum sollte ein Kind ein Papierflugzeug oder ein Papierboot basteln, wenn diese originalgetreu vorhanden sind? Entwickeln Sie Ideen, die auf dem Markt nicht vorhanden sind, wie eine trockene Kichererbse über Nacht im Wasserglas sich vergrößern zu sehen, zwei bis drei Tage später das Wurzelwachstum zu beobachten, die Kichererbse dann im Topf einzupflanzen und ihr Wachstum zu einer Pflanze auf der Südfensterbank zu sehen. All diese Dinge hat die Industrie noch nicht entdeckt.

Es gibt abenteuerliche Spiele wie Kriegsspiele oder Piratenspiele. Da muss man sehr aufpassen, weil Kinder viele Fantasien verkörpern. Kinder sind die Männer und Frauen von morgen. Wenn ein Junge, Piratenspiele ganz toll findet, besteht vielleicht die Möglichkeit, dass er im erwachsenen Alter ein moderner Seeräuber wird und auf hoher See eine Segelyacht entert oder er ein Söldner wird.

Einige Eltern werden bei der Vorstellung ihren Kopf schütteln und denken: 'Mein Kind wird so etwas nie tun'. Aber als Eltern darf man nicht naiv sein, weil viele Schwerverbrecher auch anständige Eltern haben. Diese Art von Spielen mit einer gefährlichen Realität in der Zukunft sollte man Kindern nicht verbieten, sondern über die möglichen Konsequenzen aufklären. Kinder sollten die Chance bekommen davon zu lernen, was mit den Betroffenen passiert und dabei auch die Rolle wechseln.

Urlaub mit Kindern

Viele Erwachsene haben sich an ihre bisherige Urlaubsart ohne Kinder gewöhnt. Sie nehmen dann ihre Kinder in den Urlaub mit, als wenn sie notwendige Gegenstände wären, ohne zu berücksichtigen, ob diese Art des Urlaubs kindgerecht ist. Vielen Kindern kommt der Urlaub mit den Eltern wie eine Strafe vor: Lange Reisewege ohne Bewegungsmöglichkeiten, sich in engen Räumen aufhalten, viel Zeit in der glühenden Sonne am Strand verbringen oder unter Reisekrankheiten leiden. Die Eltern sollten ihren gewohnten Urlaub auch passend für ihre Kinder mitgestalten.

Für viele Kinder sind die Schulferien eine ganz besondere Zeit, aber die Eltern planen ihren Urlaub während der Schulferien ohne die Kinder und ihre Interessen dabei zu berücksichtigen. So gehen die Kinder dabei leer aus. Kurze Reisewege, kleine Urlaube und mit den Kindern viel von zu Hause aus unternehmen ist besser als ein elterngerechter Urlaub. Trotzdem - wenn Sie auf den gewöhnlichen Urlaub in der Ferne nicht verzichten wollen, informieren Sie bitte die Kinder ausführlich darüber und planen Sie den Urlaub gemeinsam. Die Strapazen eines langen Fluges oder einer langen Autofahrt, die Klimaveränderung, die fremde Umgebung sollte mit den Kindern besprochen werden und geben Sie ihnen auch Aufgaben, sodass die Kinder Verantwortung übernehmen können.

Kindergartenzeit – Leben mit anderen Menschen

Wenn die Mutter oder die Eltern wegen irgendwelcher Ursachen eine Aufsicht für das Baby brauchen, kann es ab dem 4. Lebensmonat zu einer Kinderkrippe gebracht werden. In der Kinderkrippe wird das Kind versorgt, die Windel gewechselt, herumgetragen oder beim Laufenlernen geholfen. Die Betreuung ist fünf Mal in der Woche und kostenpflichtig.

Im dritten Lebensjahr kommt das Kind zum Kindergarten. Für einen Kindergartenplatz muss das Kind frühzeitig angemeldet werden. Manche Kindergärten haben eine lange Warteliste, weil viele Eltern ihr Kind dort anmelden. Es kann daran liegen, dass dieser Kindergarten sich in einem renommierten Viertel befindet. Es ist unklug das Kind in einen bekannten Kindergarten in größerer Entfernung zu bringen, wenn in der Nachbarschaft einer vorhanden ist.

Im Kindergarten lernt das Kind den Umgang mit anderen Kindern und anderen Menschen. Wenn das Kind zu Hause auf den Kindergarten gut vorbereitet wird, wird es kaum Schwierigkeiten geben und das Kindergartenpersonal wird die Eltern loben, wie gut das Kind ist. Streitigkeiten vermeiden, anderen Kindern helfen und freundlich zu den Arbeitskräften sein, ist eine Bereicherung für das Kind.

Die Vorschulkinder werden mit verschiedenen Methoden spielerisch unterrichtet und lernen so Wortbildung, Zahlenfolge oder angewandte Logik. Die Eltern sollten sich über die Vorschulerziehung genau informieren und zu Hause mit dem Kind üben. Dabei sollten sie so tun, als wenn sie vom Kind diese Dinge lernen möchten, weil sie selbst während ihrer eigenen Kindergartenzeit so etwas nicht hatten. Das begeistert das Kind, es übernimmt die Rolle des Erziehenden und freut sich etwas geleistet zu haben. Die Fehler, die das Kind dabei macht, müssen nicht frontal verbessert werden, sondern eher in der Form von: "Ich meine, es könnte so sein und was meinst du?" Die Eltern sollten dabei so agieren, als wenn sie auch Kinder im Kindergarten wären.

Haftpflichtversicherung

Kinder bekommen automatisch mit, wenn die Eltern eine Haftpflichtversicherung haben, die für alle Arten von Schäden aufkommt. So brüsten sich viele Kinder damit und meinen, dass es kein großes Thema sein wird, wenn etwas passiert ist, da die Versicherung sowieso zahlt.

Eine Haftpflichtversicherung für die Familie ist von großer Bedeutung, da diese für fast alle Schäden, die unabsichtlich entstanden sind, bis zu sehr hohen Summen haftet. Die jährliche Beitragssumme beträgt weniger als 50 Euro, aber die Versicherung bezahlt gegebenenfalls einen Schaden in Millionenhöhe, vorausgesetzt, dass der Verursacher alles genau beweisen kann. Viele haben eine falsche Vorstellung und versuchen Versicherungsbetrug auszuüben, aber die Versicherungsgesellschaften sind mit allen Wassern gewaschen und werden gegen jeden Betrugsversuch Strafanzeige erstatten.

Natürlich bezahlt die Haftpflichtversicherung, aber, wenn sich die Beanspruchungen anhäufen, wird die Versicherungsgesellschaft einfach die Versicherung kündigen und andere Versicherungsgesellschaften werden dies nach und nach erfahren. Am besten ist es, die Haftpflichtversicherung als eine Sicherheit anzusehen und zu versuchen, keine Schäden zu verursachen. Es ist nur eine Sicherheit, um sich auf dieser Welt wohlzufühlen.

Musikalische Erziehung

Das Kind kann vielleicht ab dem dritten Lebensjahr eine musikalische Erziehung bekommen, vorausgesetzt das Kind ist dazu in der Lage und die Möglichkeiten sind vorhanden. Das Kind muss nicht unbedingt Klavier, Geige oder Singen lernen, wenn es kein Interesse daran zeigt. Die Eltern können zu Hause herausfinden, welche Art von Musik das Kind bevorzugt. Trotzdem kann es eine Bereicherung sein, wenn das Kind eines Tages zum Beispiel mit der Gitarre in der Hand oder am Klavier ein bisschen singen wird.

Wenn Ihr Kind singen kann, sollte es das Singen in der Muttersprache üben, das bedeutet ein deutschsprachiges Kind sollte auf Deutsch singen, weil singen eine Art von Meditation ist. Dann wird das Kind mit Leib und Seele singen, was in einer fremden Sprache einfach nicht möglich ist. Berühmte Sänger und Sängerinnen wie Madonna oder Herbert Grönemeyer singen in der Muttersprache.

Fahrrad fahren

Fahrräder dürfen ohne Berechtigungsscheine am Straßenverkehr teilnehmen. Das Rad muss allerdings funktionierende Bremsen und eine Beleuchtung für das Fahren in der Dämmerung und bei Nacht haben. Fußwege dürfen nur von Kindern befahren werden. Die Fahrräder werden immer schneller und Menschen aller Altersstufen benutzen solche Räder, fahren auf dem Radweg sehr schnell und denken dabei: "Ich muss weiter." Fahrradunfälle werden immer mehr, obwohl neue Radwege gebaut werden. Die modernen Radwege sind gefährlich für Kinder geworden und deshalb sollte das Radfahren in den Anfangszeiten außerhalb von Radwegen geübt werden.

Kinder sind wichtiger als der Beruf

Viele Berufstätige möchten keine Kinder zeugen, weil sie keine Zeit dafür haben. Der Beruf ist nicht für das ganze Leben gedacht, aber die Kinder sind Nachkommen und repräsentieren das eigene Dasein. Wenn ein Kind geboren wird, müssen viele gewöhnliche Dinge verändert werden. Die Zeit für das Kind muss unter beiden Eltern aufgeteilt werden. Wichtig ist dabei, dass kein Elternteil versucht den eigenen Beruf als wichtiger darzustellen. Es gibt kein Musterrezept dafür, aber die Möglichkeiten sind immer vorhanden, um das Arbeitsleben entsprechend zu gestalten. Die Berufe, die Zeit und das Einkommen sind sehr unterschiedlich, aber dafür gibt es immer Lösungsmöglichkeiten.

Ein Kind kommt nicht zur Welt, um die Berufe der Eltern zu ruinieren, sondern das Kind wird neue Wege mitbringen, wie die Eltern weiterhin beschäftigt sein können. Hier müssen beide Elternteile Lösungen suchen, Kompromisse schließen und immer ihr Baby in den Mittelpunkt stellen, da ein Beruf nicht wichtiger ist als Nachkommen.

Fernseher

Unregelmäßig können Kinder mit ihren Eltern fernsehen. Eltern sollten Kinder nicht ins Zimmer schicken und selbst dabei ihren Fernsehabend genießen. Kinder kriegen alles mit, was im Fernsehen läuft und es wird schlecht für sie dann einzuschlafen. Außerdem sollte kein Fernsehgerät im Kinderzimmer ermöglicht werden. Wenn fernsehen, dann alle zusammen, das ist die beste Option. Andererseits gibt es die Möglichkeit für Eltern mit einem Tablet sehr leise fernzusehen oder ein Buch zu lesen.

Computer und Internet

Das Internet ist die modernste Mögklichkeit, das eigene Wissen zu erweitern. Leider verfügt diese Technik über einen gewaltigen Nachteil, da durch den Bildschirm die Augen enorm belastet werden. Egal für welche Zwecke, sei es für Schularbeiten oder für Computerspiele, die Nutzung sollte nicht länger als eine Stunde am Stück sein. Es wurde festgestellt, dass nach einer Stunde Bildschirmarbeit, die Augen mit kaltem Wasser abgespült werden sollten und eine Pause wichtig ist. Zusätzlich sollte in die Ferne geschaut werden und danach kann die Person wieder zum Bildschirm zurückkehren. Diese Angabe ist ohne Gewähr.

Musik und Kopfhörer

Durch Hören von lauter Musik mit Kopfhörern wird der Mensch schwerhörig. Millionen von Menschen leiden ab dem Jugendalter an Schwerhörigkeit und die Zahl steigt immer weiter. Eltern müssen mit ihren Kindern ernsthaft darüber sprechen, dass der Mensch, nur um Musik zu hören, nicht sein Hörorgan beschädigen muss. Angebote an Musik gibt es in Hülle und Fülle, aber ein beschädigtes Gehör kann nicht ersetzt werden. Wenn Sie Ihre Kinder gut erzogen haben, werden sie es verstehen und ihren Rat akzeptieren.

Zimmerarrest

Der sogenannte Zimmerarrest für Kinder ist eine der primitivsten Arten der Erziehung. Außerdem helfen Handyverbot, Hausarrest und vergleichbare andere Maßnahmen nicht dabei den Kindern eine bessere Zukunft zu ermöglichen. Wenn sich Ihr Kind mit Ihnen allerdings in einem Bund der Freundschaft befindet, werden all diese Strafsanktionen überflüssig sein.

Eltern essen am späten Abend

Kinder werden früh am Abend ins Zimmer beordert, weil sie schlafen müssen. Am späten Abend bestellen dann die Eltern eine große Pizza und verzehren diese genüsslich vor dem Fernseher. Die Düfte des gelieferten Essens verbreiten sich überall und die Kinder können diese sehr gut riechen. Die Kinder werden dabei denken: "Wie gemein sind diese Eltern."

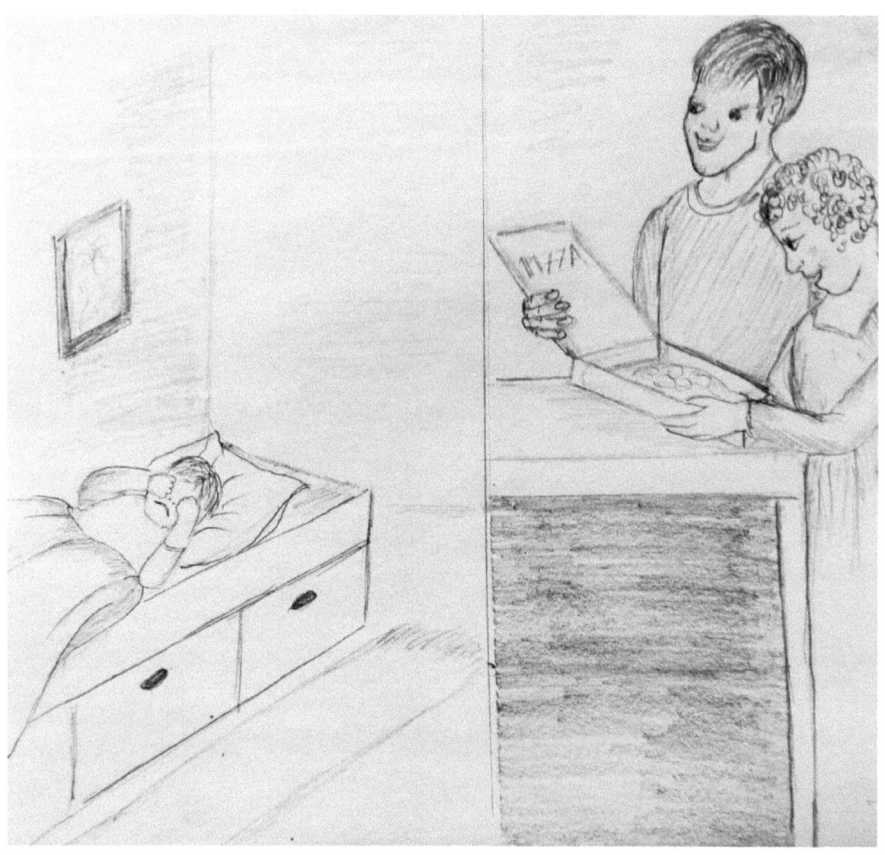

Schimpfen und anschreien

Viele Eltern glauben daran, dass Schimpfen ein wichtiger Teil der Erziehung sei. Sie schimpfen mit ihren Kindern bei jeder Art von Unstimmigkeit, schreien und bedrohen sie. Solche Kinder werden irgendwann daran gewöhnt sein, dass die Mutter oder der Vater dies sowieso immer tun - dagegen kann man nichts machen. Kinder zeigen dann Gleichgültigkeit, wenn die Eltern schimpfen, sie anschreien und bedrohen. Kinder, die mit Schimpfen und Anschreien aufwachsen, geben diese Kultur weiter und zwar ein Leben lang. Die Schimpfkultur ist auch eine Grundlage von Schlägereien.

Kinder mit Geschwistern schimpfen und beschuldigen sich oft gegenseitig, weil es ihnen ihre Eltern vorgelebt haben. Abartige Schimpfwörter bringen sie nach Hause und geben sie an die Geschwister weiter. Dies verursacht eine Extrabeschäftigung für die Eltern, da sie die Kinderstreitigkeiten versuchen müssen zu schlichten. Wenn Eltern respektvoll und liebevoll mit ihren Kindern umgehen, tun die Kinder das Gleiche mit ihnen.

Kinder sind keine Hunde oder Zirkustiere, die mit Schimpfen und Anschreien gezähmt werden müssen. Kinder sind Menschen, genau wie die Eltern und verdienen es respektiert zu werden. Aus Mangel an Erfahrung, kann es passieren, dass Eltern anders entscheiden als es eigentlich sein müsste. In diesem Zustand sollten die Eltern die Kinder über die Konsequenzen aufklären. Kinder sollten wiederum das Gleiche tun, wenn die Eltern ein Fehlverhalten ausüben. Kinder können eine Aufgabe übernehmen, indem sie auch auf die Eltern aufpassen und sie an mögliche Folgen erinnern. Dies ermöglicht eine harmonisierte Gegenseitigkeit im Familienleben.

Körperstrafe

Erwachsene schlagen Kinder, weil sich Kinder wegen ihrer Körpergröße und Körperkraft dagegen nicht verteidigen können. Wenn die Prügelstrafe beginnt, hört sie nicht mehr auf und irgendwann wird das Kind anfangen zu rebellieren und keine Achtung mehr vor den Eltern haben. Kinder, die zu Hause verprügelt werden, werden selbst dazu neigen Gewalt auszuüben. Sie kloppen sich mit den eigenen Geschwistern zu Hause, mit Schulkindern in der Schule und vielleicht bilden sie eine Bande, um Andere verprügeln zu können.

Die Gewohnheit zu verprügeln und zu schlagen entwickelt sich weiter und irgendwann wird Ihr Kind vielleicht ein Straftäter und wegen schwerer Körperverletzung zu einer Gefängnisstrafe verurteilt und man kann nie wissen, wohin sich diese Mentalität entwickeln wird. Es ist besser Prügelstrafe jeder Art zu vermeiden. Wenn Sie plötzlich aufgeregt oder sauer werden, trinken Sie erst ein Glas kaltes Wasser, verlassen Sie das Zimmer oder den Ort und reden Sie zu einem späteren Zeitpunkt mit Ihrem Kind über die vorherrschenden Probleme. Sie müssen Ihrem Kind zuhören und gemeinsam nach Lösungen suchen.

Elternstreit

Kinder lieben ihre Eltern und freuen sich, wenn die Eltern miteinander lieb umgehen. Durch diverse Missverständnisse reden Eltern manchmal immer lauter und letztlich entwickelt sich ein Streit. Dieser Elternkonflikt belastet Kinder in unvorstellbarem Ausmaß. Elternstreit ist nichts anderes als eine psychische Belastung für die Kinder. Wenn sich Eltern für ihre Kinder das Beste wünschen, sollten sie auf gar keinen Fall streiten.

Wenn Kinder traurig werden

Wenn sich ein Kind in einem ruhigen, einsamen oder traurigen Zustand befindet, sollten die Eltern versuchen sich ihm zu nähern, mit ihm langsam in ein Gespräch zu kommen und gegebenenfalls harmlose Witze zu erzählen. Witze oder Scherze für Kinder sind zahlreich vorhanden, ansonsten können sie sich auch ausgedacht werden, da Kinder auch bei den einfachsten Scherzen lachen. Witze erzählen oder scherzen macht Spaß und bringt andere zum Lachen. Lachen ist gesund, obwohl es nicht normal ist ohne Grund zu lachen. Allerdings ist das Lachen über andere Menschen schädlich. Durch Lachen werden die Muskeln aufgelockert und eine Freude wird ausgestrahlt. Das macht das Leben fröhlicher. Lassen Sie auch Ihr Kind Witze erzählen und versuchen Sie dabei amüsiert zu sein. Hier sind einige Witze als Beispiele:

Drei Jungs stehen auf einem Feldweg in einer Reihe und pinkeln. Der erste Junge sagt: "Da ist ein Reh!", der zweite Junge sagt: "Beim Pinkeln darf man nicht sprechen.", der dritte Junge sagt: "Deshalb habe ich nichts gesagt."

Die Tochter fragt: "Papa, sind Nudeln getrocknete Raupen?" Der Vater antwortet: "Ich weiß nicht, aber jedenfalls kommen sie aus Italien."

Ein Schüler kommt drei Stunden zu spät zur Schule. Der Lehrer fragt: "Warum bist du so spät gekommen?" Daraufhin antwortete der Schüler: "Meine Mama war nicht da und ich wollte alleine ein weiches Ei kochen, aber nach drei Stunden kochen war das Ei immer noch hart."

Erziehung zur Zahnpflege

Die Zähne sind die wichtigsten Werkzeuge für die Schluckfähigkeit der Nahrungsmittel. Ab einem halben Jahr fängt das Baby an Zähne zu bekommen. Die Eltern sollten in dieser Zeit sehr darauf aufpassen, dass das Kind nicht mit zuckriger Flüssignahrung ruhiggehalten wird, weil das im sehr frühen Alter Zahnkaries hervorrufen kann. Ab diesem Zeitpunkt kann das Kind auch weiche Nahrung in Form von Brei konsumieren. Kinder lieben Süßigkeiten, Eiscreme oder süße Säfte, die wiederum die Verursacher von Karies sind. Wenn ein Kind das erste Lebensjahr überschreitet und in der Lage ist Aufforderungen wie sitzen, Mund aufmachen oder ruhig bleiben akzeptiert, sollte unbedingt ein Zahnarzt besucht werden. Regelmäßiges Zähneputzen sollte so früh wie möglich beigebracht werden. Eine Zahnbehandlung für Kleinkinder wird dann kompliziert, wenn die Eltern selbst diese als Belästigung empfinden. Ein Kind ist schön, aber mit kaputten Zähnen reduziert sich diese natürliche Schönheit.

Lippen-, Wangen- und Zunge beißen

Kinder lernen selbst zu essen, dabei beißen sie sich gelegentlich auf die Unterlippe, die Innenseiten der Wangen oder beißen die Zunge blutig und heulen vor Schmerzen. Weder der Kinderarzt, Zahnarzt, noch die Logopädin haben ein Rezept dagegen, da die Zähne neu, klein und schneidig sind. Die Eltern müssen ihr Kind über alle Teile im Mundbereich wie Lippen, Wangen, Zunge ständig aufklären und vorsichtig Kauübungen durchführen. Wenn man ein scharfes Messer in der Hand hält und unvorsichtig damit umgeht, kann dies auch zu Verletzungen führen.

Die Backenzähne verletzen die Wangen, die Schneidezähne und die Eckzähne verletzen die Unterlippe und alle Zähne können die Zunge verletzen. Beim Kauen sollte beachtet werden, dass sich die Wangen nach außen dehnen, sich die Unterlippe formt wie eine Schnute und die Zunge weg von allen Zähnen bleibt. Am besten ist es das Essen vorsichtig in den Mund zu führen, anschließend den Mund zu schließen, langsam zu kauen und dabei nicht zu reden. Diese Übung ist langfristig, fürs Leben und das Kind bleibt den Eltern immer dankbar dafür.

Besitztümer und Egoismus

Kinder müssen so früh wie möglich lernen, sich den Besitzverhältnissen anzupassen. Es sollte versucht werden, das MEIN zu UNSER zu verändern. Damit können als Erstes die Konflikte mit den Geschwistern gelöst werden. Später entwickelt das Kind selbst eine Art Gemeinnützigkeit und wird so bis zum Erwachsenenalter von der Gesellschaft besser akzeptiert. Reiner Egoismus bringt einen Menschen vielleicht für die eigenen Vorhaben weiter, aber er wird kaum Freunde haben und solche Menschen werden irgendwann einsam und depressiv.

Umgang mit Geld

Kinder lernen Geld sehr früh kennen. Möglicherweise handelt es sich hier um einen angeborenen Instinkt und um eine der wichtigsten Anziehungskräfte des Besitzes. Es ist wichtig das Thema Geld schon in der Kindheit zu erklären. Kinder sollten lernen Geld zu respektieren, zu verwalten und auch auszugeben. Die Haushaltskasse sollte nicht vor den Kindern versteckt gehalten werden und dabei sollte gleichzeitig über die Auswirkungen von Geldmissbrauch aufgeklärt werden. Wenn ein Kind für eine Fahrkarte mit dem Schulbus, für ein Geburtstagsgeschenk, für einen Beitrag in der Schule oder für einen anderen Zweck Geld aus der Kasse nimmt, sollte dies aufgeschrieben oder erzählt werden. Kinder sollten lernen im eigenen Haus kein Geld zu klauen. Dieses Klauen zu Hause kann sich zu allgemeinem Diebstahl entwickeln. Kinder sollten gemeinsam mit den Eltern darüber nachdenken, wie ein Haushaltsbudget gestaltet werden kann, da Kinder viel Fantasie und freie Vorstellungen haben, die die Erwachsenen nicht mehr haben.

Beim Internethandel oder beim Einkauf mit Kartenzahlung sollten Kinder nicht miteinbezogen werden. Wenn sie eines Tages selbst Geld verdienen, können sie dies tun, aber mit dem Geld der Eltern sollte kein Risiko eingegangen werden. Die Eltern sollten für alle Kinderausrüstungen wie Klamotten, Schuhe, Bücher und andere Geldausgaben sorgen und ihnen kein Taschengeld geben, denn Kinder sind keine Almosenempfänger.

Kaufkraft und Einkaufen

Es gibt nichts auf der Welt, dass man nicht kaufen kann, vorausgesetzt die Kaufkraft ist vorhanden. Aus diesem Grund sind Preise direkt mit der Ware verbunden, das bedeutet: Je geringer das Angebot, desto teurer das Produkt. Als Beispiel: Trüffel, eine Pilzsorte, die sehr selten ist, schmeckt nach Champignons, riecht nach Pfadfindersocken und der Preis liegt bei achttausend Euro pro Kilogramm. Andererseits liegt der Kilopreis der marktüblichen Champignons bei nur vier Euro. Solche Beispiele sind in fast allen Bereichen des Lebens vorhanden. Die wichtigsten Grundbedürfnisse wie Nahrung, Bekleidung und Behausung verfügen über eine Preisspanne wie Trüffel und Champignons.

Viele Ultrareiche können ihr Geld nicht ausgeben, weil sie schon alles besitzen und allein aus diesem Grund Dinge zu astronomischen Preisen kaufen, die man kaum braucht. Sie kaufen teure Bilder, von denen sie nichts verstehen, sie bezahlen ein Vermögen für eine sehr alte, muffige Rotweinflasche, welche sie nicht trinken oder sie bestellen Superyachten, obwohl sie keine Zeit haben damit zu fahren. Gold, Diamanten oder viele andere teure Dinge müssen ständig bewacht werden und Menschen, die extrem reich sind, verlieren zeitgleich ihre Freiheit.

Der Mensch muss sich seiner Kaufkraft anpassen und nicht über seinen Verhältnissen leben. Wenn das Geld nicht ausreichend vorhanden ist, sollte man von Euro auf Cent umrechnen und die Preise vergleichen. Es gibt 500 Gramm Nudelpakete für 49 Cent, ein T-Shirt aus Baumwolle für 200 Cent, eine Fahrkarte im Bereich Kurzstrecke für 180 Cent oder eine Haftpflichtversicherung für 17 Cent pro Tag. Lebensmittelketten, günstigere Klamottenläden und viele andere Verkaufsangebote befinden sich auch im Cent-Bereich. Bei Banken, Geldinstitutionen und im Aktienhandel werden die Gewinne im Cent-Bereich sogar weit hinter 0,0 Cent berechnet. Im Cent-Bereich engagierte Menschen sind gute Mathematiker und sie leiden nicht am Minderwertigkeitskomplex.

Sexualkunde

Die Sexualkunde ist in dem Sinne ein Tabuthema, insbesondere für traditionelle Gesellschaften. Leider werden Kinder dadurch oft im sehr frühen Alter Opfer von Sexualverbrechen. Bis zur Grundschule wird dieses Thema selten behandelt und so bekommen Kinder erst in der Grundschule ein Aha-Erlebnis. Viele Kinder können damit nichts anfangen und bleiben schüchtern zurück. Es ist besser, wenn die Eltern vorsichtig altersentsprechend und langfristig ihr Kind über das Thema Sexualkunde aufklären. Dadurch wird nicht nur eine Vorarbeit geleistet, sondern das Kind bekommt u. a. wichtige Information darüber, wie es sich selbst schützen kann. Die Aufklärungsarbeit kann sehr mühsam sein, aber es ist besser dieses komplexe Thema zu besprechen, anstatt einfach zu schweigen und dies später zu bedauern.

Sexueller Missbrauch

Kinder werden sexuell missbraucht, weil sie nicht wissen, was mit ihnen passiert, weil sie sich in einem hilflosen Zustand befinden oder weil sie diesen Zwecken ausgeliefert sind. Es ist egal, ob die Täter nahestehend oder unbekannt sind, die Kinder können sich nicht wehren und nichts dagegen tun. Es ist die Pflicht der Eltern alles gegen Kindesmissbrauch zu unternehmen und es gibt leider kein Rezept dafür, außer die Kinder ständig zu schützen.

Pubertätsalter

Mädchen und Jungen erreichen das Pubertätsalter in der Zeitspanne vom 11. bis 13. Lebensjahr. Die fortgeschrittene Phase ist das Jugendalter. Durch die körperlichen Veränderungen, Stimmbruch und Wandel in der Denkweise entwickelt sich ein Kind zu einem anderen Menschen. In dieser Zeit ist es sehr wichtig für die Mädchen, dass sie von ihrer Mutter begleitet werden und diese die Aufklärungsarbeit über die körperlichen Veränderungen übernimmt. Das Gleiche gilt für die Jungen und es ist besser, wenn der Vater dieselbe Aufgabe übernehmen würde. Aber häufig ist es der Fall, dass die Mutter für beide Geschlechter allein zuständig ist.

Die Mädchen bekommen ihre Menstruation und die Jungen ihren Samenerguss. Diese heikle Lage ist nicht einfach anzunehmen für ehemalige Kinder, die sich gerade zu jungen Erwachsenen entwickeln. Es mangelt oft an Aufklärungsarbeit und viele leiden unter Scham. Deshalb empfinden viele Jugendliche in dieser Zeit diese ganz normale körperliche Entwicklung als absurd und ekelhaft. Irgendwann werden sie sich damit abfinden und der Vorgang wird zur Routine gehören. Aber in der Anfangszeit leiden sie unter einem enormen psychischen Druck. Die Aufgabe der Eltern ist es, mit ihren Kindern über diese wichtigen Dinge zu sprechen und sie zu erklären.

Geburtstage und Übernachtungen

Das Kind wird Geburtstage feiern, Freunde einladen und wird selbst zu Geburtstagen eingeladen werden. Ein passendes Geschenk zu finden ist oft schwierig und die einfachste Lösung ist einen Geldschein in einen Umschlag zu tun mit einem Text, dass das Geld ein kleiner Beitrag für eine bestimmte Anschaffung ist wie ein Spiel oder ein Buch.

Die Übernachtungen in anderen Haushalten sind ein Kapitel für sich und in diesem Fall sollten Eltern die Familie genau unter die Lupe nehmen. Es ist sehr wichtig, um der Liebe des Kindes willen, keine Fehler oder Fehlentscheidungen zu treffen.

Einschulung und die Vorbereitung dafür

Mit einer großen Einschulungstüte und einer kleinen Feier wird das Kind im sechsten Lebensjahr eingeschult. Es ist eine Herausforderung für das Kind, aber eine gute Vorbereitung kann nicht nur eine Erleichterung für das Kind sein, sondern auch Freude darüber bewirken nun etwas Neues zu beginnen. Wichtig ist, dass das Kind einfache Texte lesen, einfache Sätze schreiben und mit einfachen Zahlen rechnen kann. So wird das Kind mutig zur Schule gehen und keine Angst vor den neuen Herausforderungen haben.

Eltern sollten immer weiter Fragen in Satzform stellen und als Antwort auch Sätze verlangen und nicht nur ein „ja", „nein", „gut" oder „nicht gut". So fragen zum Beispiel die Eltern: "Wie hast du letzte Nacht geschlafen?" Hier sollte das Kind nicht einfach "gut" antworten, sondern: "Ich habe letzte Nacht gut geschlafen." Ein anderes Beispiel: „Findest du die Lehrerin ist nett?" Entsprechend könnte die Antwort sein: "Ja, sie ist sehr nett, aber einige Kinder sind sehr laut und sie muss immer sagen, dass sie leiser sein sollen." Je länger die Antwort, desto größer sollte das Lob sein.

Eine weitere wichtige Aufgabe ist die Beziehungsarbeit mit den neuen Schülern und Schülerinnen und den Lehrkräften. Dafür sollte das Kind eine gute Sprachkenntnis, eine faire Haltung und keine Angstzustände entwickeln. Das Kind sollte den Eltern unbedingt mitteilen, wenn in der Schule etwas „nicht Normales" vorkommt.

Die Grundschule

Die Grundschule ist der Einstieg in einen sehr langen institutionellen Bildungsweg. Die Eltern können eine erhebliche Rolle dabei spielen ihr Kind auf die Schule vorzubereiten und es „schulfähig" zu machen, allerdings sollte ein Kind nicht als Alleskönner eingeschult werden. Das Kind muss lernen am Unterricht mit anderen Kindern zusammen teilzunehmen und zeitgleich die Hausarbeiten regelmäßig zu erledigen. Das Kindesalter muss spielerisch, ausgelassen und fröhlich bleiben.

Markenklamotten und die Schulnote

Der berühmte Politiker, Philosoph und Friedensstifter Mahatma Gandhi hat gesagt: "Simple living, high thinking." Das bedeutet: Einfaches Leben, hohes Denken. Kinder sollten sich während der Lernphase nicht viel an extravaganten Ausstattungen wie Markenprodukten orientieren. Dies verursacht einen fortlaufenden Wettbewerb unter den Zeitgenossen und die Eltern müssen blechen. Beobachtungen zufolge haben die Kinder, die in der Schule schlecht sind, häufig die besten Klamotten.

Das allerbeste Material für die Klamottenherstellung ist Baumwolle und diese ist die billigste Naturfaser der Welt. Alle Textilindustrien benutzen diese Faser um diverse Kleidungsstücke zu produzieren. Wenn der Hersteller einen berühmten Namen hat, kostet eine einfache Jeanshose um das Mehrfache als eine unbekannte Marke. Es ist unklug, auf dem T-Shirt oder der Jacke Werbung für die reichen Konzerne zu machen und zeitgleich die eigenen Eltern ärmer werden zu sehen. Der größte Stolz für ein Schulkind ist die gute Note und nicht die gute Markenkleidung.

Die Schulnote gehört zu den allerwichtigsten Dingen für Schulkinder. Eine gute Note bringt Freude im Leben, beugt Schulschwänzen vor und entwickelt immer mehr Interesse an weiteren Erfolgen. Dafür sind alle Informationen in Schulbüchern vorhanden und nichts ist geheim. Die Schulnote kann zwischen 1 und 3 variieren, wie bei einer Siegerehrung. Wenn Kinder schlechte Noten bekommen, sollten sich die Eltern unbedingt damit beschäftigen und versuchen gemeinsam mit ihnen die Fehler zu finden, aber auf gar keinen Fall schimpfen, schlagen oder sie bedrohen.

Die Lehrkräfte sind keine Feinde

Viele Kinder haben eine falsche Vorstellung über Lehrkräfte und sagen: "Der Lehrer mag mich nicht." Es ist einfach den Lehrkräften die Schuld zu geben und damit alles abzugelten. Es wird noch schlimmer, wenn die Eltern dem auch noch zustimmen. Gewöhnlich hat ein Lehrer oder eine Lehrerin hunderte von Schülern und Schülerinnen zu unterrichten und kann dabei keine Ungleichbehandlung zu einem bestimmten Kind entwickeln, obwohl Ausnahmen nicht ausgeschlossen sind.

Jahr für Jahr gibt es ein Kommen und Gehen von Schülerinnen und Schülern, aber die Lehrenden bleiben und unterrichten weiter. Das Beste für einen Schüler oder einer Schülerin ist, die Lehrkräfte zu respektieren, fleißig zu lernen und dabei zu versuchen gute Schulnoten zu bekommen. Während eines persönlichen Gesprächs mit den Lehrkräften können die Probleme besprochen werden und nicht auf einem Elternabend. Dort sollten die Lehrkräfte nicht durch Eltern beschuldigt oder beschimpft werden.

Begleiten

Eltern müssen ihre Kinder von Geburt an bis zu ihrer Unabhängigkeit im Erwachsenenalter begleiten, das bedeutet sie zum Kindergarten, zum Sportplatz und zur Schule zu bringen und ihnen die dazu nötigen Hilfeleistungen zu geben. Diese Begleitung ist identisch mit dem Job eines Fahrlehrers, der unbedingt seine Fahrschüler begleiten muss. Sich nach der Schule, der Schulnote, dem Examen zu erkundigen und ein Interesse an dem weiteren Weg zu haben und sich zu kümmern, gehört zur Pflicht. Äußerungen wie: „Er / sie ist alt genug und muss selber wissen was er / sie will. Ich habe damit nichts zu tun." helfen nicht, sondern sorgen eher dafür, dass das Kind einfach auf dem Weg stehen bleibt. Mit diesen Äußerungen werden die Eltern mehr Unruhe verursachen als durch eine ständige Begleitung.

Schulsport, Sport und Vereinssport

Die wichtigste Sportart in der Grundschule ist der Schwimmunterricht. Erst danach kommen die anderen körperlichen Bewegungen und das Fitnesstraining. Außerhalb der Schule können je nach Interesse des Kindes oder der Eltern andere Sportarten ausgewählt werden wie Fußball, Tennis oder Selbstverteidigung. Die Eltern sollten sich auf gar keinen Fall zum Ziel setzen, dass ihr Kind ein Profifußballer oder ein Tennisstar wird. Das beeinträchtigt das Lernverhalten in der Schule und kann auch gesundheitliche Schäden hervorrufen. Also, seien Sie kein Dompteur Ihres Kindes!

Bei Vereinen muss man Mitglied werden und das ist gleichzeitig mit Verpflichtungen verbunden, wie Fahrdienstleistungen bei Auswärtsspielen und Mitwirkung bei anderen Tätigkeiten des Vereins. Viele solcher Vereine verlangen eine Einzugsermächtigung für den Mitgliedsbeitrag, sodass die Vereine von Ihrem Bankkonto eigenhändig die Beitragssumme abbuchen können. Da müssen Eltern aufpassen, ob solche Bedingungen belästigend sind. Ansonsten kann zu Hause trainiert, in der Natur gelaufen und schwimmen gegangen werden. Nimmt man dann den Schulsport noch dazu, reicht das für die körperliche Tauglichkeit aus.

Allerdings ist Sport außerhalb der Schule sehr wichtig. Zum einen um den gemeinschaftlichen und fairen Wettbewerb zu verinnerlichen und zum anderen, um gleichaltrige Kinder aus anderen gesellschaftlichen Schichten kennenzulernen. Dies erweitert den gesellschaftlichen Horizont der Kinder über die schulischen Aktivitäten hinaus.

Sitzen

Ein großer Nachteil der Zivilisation ist die Sitzgelegenheit. Wenn der Mensch nicht läuft oder schläft, dann sitzt er. Sitzen am Frühstückstisch, sitzen in der Schule, sitzen am Arbeitsplatz, sitzen beim Reisen oder sitzen im Ruhestand. Stühle, Bänke, Sofas, Sessel oder andere Sitzplätze sind die Möbelstücke, um es dem Körper gemütlich zu machen. In der Natur sitzen nur die fleischfressenden Säugetiere, wenn sie alle Viere von sich gestreckt haben. Dagegen sitzen die Pflanzenfresser und auch Allesfresser kaum und fressen meistens im Stehen. Beim Stehen werden alle Organe, einschließlich des gesamten Körpers, von den Beinen unterstützt, während beim Sitzen hauptsächlich Hüfte, Becken, Pobacken und die Wirbelsäule belastet werden.

Menschen sind Zweibeiner und vielleicht brauchen sie aus diesem Grund das häufige Sitzen. Die Menschen, die immer noch als Sammler und Jäger unterwegs sind, sitzen kaum. Auch der traditionelle Bauer sitzt nicht, sondern hockt oder liegt. Hocken ist die gesündeste Alternative zum Sitzen. Der Mensch, der sich an das Sitzen gewöhnt hat, kann normalerweise nicht hocken, aber ein Kleinkind hockt automatisch. Diese Hock-Gewohnheit sollte bei Kindern im fortgeschrittenen Alter bestehen bleiben.

Häufig verursacht das Sitzen im zunehmenden Alter diverse gesundheitliche Probleme wie Hüftschmerzen, Beckenschmerzen, Rückenschmerzen, Obstipation oder wackelige Beine. Es ist besser, Kindern von Anfang, anstatt häufigem Sitzen, Stehen, Laufen und Hocken beizubringen. Dies wird Ihrem Kind eine bessere Gesundheit ermöglichen und zwar für das ganze Leben.

Kalt duschen

Es gibt viele Untersuchungen über kaltes Duschen. Erfahrungsgemäß ist besser kalt zu duschen als warm oder heiß. Die Kaltdusche ist gut für die Haut und für die Haare und hält gleichzeitig frisch. Die warme Dusche benötigt ein warmes Badezimmer, viel Wasser, Haut- und Haarwaschmittel, was langfristig bedenklich sein kann. Einfach weniger als eine Minute über den Körper kaltes Wasser laufen lassen, wenig einseifen und dann nochmal eine Minute abduschen. Dieses Verfahren kann fast jeden Tag durchgeführt werden und wenn die Übung im Frühalter begonnen wird, wird es gut für das Leben sein.

Hobbies und Liebhabereien

Außerhalb der Schule und schulischer Aufgaben sind zahlreiche Möglichkeiten vorhanden, womit sich Kinder beschäftigen können. Gewöhnlich folgen sie zuerst den Eltern und entwickeln später eigene Interessen. Ob es sich um Fußball, Tennis oder Computerspiele handelt, all diese Freizeitbeschäftigungen haben ein einziges Ziel – gewinnen. Die Eltern müssen zuerst selbst akzeptieren, dass Anfeuern im wahrsten Sinne des Wortes sinnlos, umsonst und völlig vergebens ist. Es ist nur ein Nervenkitzel, der zu Euphorie oder völliger Verzweiflung führen kann. Die dabei entwickelten Gefühle sind passiv und abstrakt, da man sie nicht anfassen oder sehen kann. Es handelt sich um reine Empfindungen. Ein Beispiel: Man kann ein glühender Anhänger einer Fußballnationalmannschaft sein. Gewinnt die Mannschaft, ist die Freude sehr groß, verliert sie, ist man tief bestürzt.

Wenn die abstrakten Dinge nicht ernst genommen werden und die eigene Person sich nicht damit identifiziert, wird das Leben leichter. Ob der Lieblingsverein aus der Bundesliga abgestiegen ist oder sich ganz vorne befindet, wird uninteressant. Dies ermöglicht Nervenfreiheit und viel Zeit für andere Dinge wie lesen, lernen, Musik hören, wandern, körperlich trainieren, kochen, schreiben, gärtnern, fotografieren oder reisen und dabei kann es egal sein welche Fußballmannschaft gewonnen hat.

Sport bedeutet körperliche Betätigung im Zusammenhang mit Gesundheitspflege. Die ärmeren Menschen, die, um ihr tägliches Brot zu verdienen, von Sonnenaufgang bis Sonnenuntergang hart arbeiten müssen, kennen keinen Sport, weil Sport für sie völlig überflüssig ist. Menschen ab einem bestimmten Wohlstand brauchen Sport, da sie eine körperliche Betätigung brauchen. Sport im Radio, Fernsehen, in der Zeitung oder im Stadion als Zuschauer ist kein Sport, sondern nur Unterhaltung, die dem eigenen Körper nichts bringt. Es ist besser Fußball zu spielen, egal wie und wo, anstatt eine Fußballmannschaft zu bejubeln, anzufeuern oder aufzumuntern.

An Fingernägeln kauen

Kinder fangen ab dem Pubertätsalter an, an ihren Fingernägeln zu kauen und tun dies oft unbewusst. Stress wird dann als einfache Begründung genannt. Wenn das so wäre, würden alle aktiven Politiker an ihren Fingernägeln kauen. Die Ursache liegt also irgendwo anders und kann von Fall zu Fall sehr unterschiedlich sein. Ein reines Verbot an Fingernägeln zu kauen wird wenig bringen und eine Aufklärung ist viel besser.

Wenn an Fingernägeln gekaut wird, landet ständig unbewusst eine sehr kleine Menge an Körpergewebe aus dem Bereich der Finger und Nägel durch das normale Schlucken im Verdauungstrakt. Der Verlust des Körpergewebes von den Fingern und Nägeln wird kaum bemerkbar sein, weil es schnell nachwächst. Beim Stoffwechsel dagegen reagiert der Körper apathisch, weil Teile des eigenen Leibes nicht verdaut werden. Stoffwechselstörung hat viele Ursachen und eine davon ist das Kauen an den Fingernägeln. Hier ist eine Aufklärung von enormer Bedeutung, da der Mensch nicht eigene Körperteile verzehren soll.

Kauen am Haarschopf

Besonders Mädchen kauen ab dem Pubertätsalter am Haarschopf. Das ist sehr gefährlich. Weltweit sind Fälle aufgetreten, wo sich eine Menge eigener Haare im Bauch als ein Haarklumpen gesammelt hat, der operativ entfernt werden musste, da sonst die Betroffene daran gestorben wäre. Eltern sollten ihre Kinder darüber aufklären, dass Haare nicht aus lebenden Zellen bestehen und deshalb nicht verdaut werden können. So verschlingt eine Eule zum Beispiel ein ganze Maus, aber scheidet durch den Mund ein Gewölle, bestehend aus unverdaulichen Haaren und Haut, wieder aus, für Menschen ist das aber nicht möglich. Die Resultate des Haarschopfkauens können tödlich sein.

Zunehmende Pflichten zu Hause

Das Kind sollte von Anfang an lernen nicht nur für sich zu leben, sondern als ein Teil der Familie und so auch, je nach Bedarf, Aufgaben im Haushalt übernehmen. Dazu kann gehören morgens früh das Bett zu machen, regelmäßig das Zimmer aufzuräumen, die eigenen Schuhe zu putzen, den Frühstückstisch zu decken oder in der Küche zu helfen. Diese Pflichten sollten mit dem Alter anwachsen und gemeinsam als Familie ausgeübt werden. Die Schule ist wichtig, aber dieser Teil des Lebens ist ebenso wichtig, weil das Kind irgendwann einen eigenen Haushalt haben wird und dann nicht mit zwei linken Händen dastehen soll.

Während der Arbeiten im Haushalt können Kinder und Eltern über verschiedene Dinge, Ereignisse, Freizeit oder über die Schularbeiten reden. Dabei geht die Arbeitszeit schnell vorbei und die Eltern und Kinder rücken näher zu einer Einheit zusammen.

Mit Kindern nicht streiten

Kinder sind manchmal verärgert und versuchen gegenüber ihren Eltern zu schreien oder sogar zu streiten. In diesem Zustand sollten die Eltern nicht reagieren und erst später, wenn die Situation sich normalisiert hat, nachfragen, was der Grund ihrer Verärgerung war und warum sie so einen Aufstand gemacht haben. Irgendwann merken die Kinder, dass Schreien oder ähnliche Ausbrüche nutzlos sind, da die Eltern in solchen Situation nicht reagieren.

Wenn Streitigkeiten mit Kindern von Anfang an vermieden werden, besteht kaum Wahrscheinlichkeit, dass diese im Erwachsenenalter stattfinden werden. Unstimmigkeiten können mit Diskussionen geklärt werden und diese ermöglichen ein gutes gegenseitiges Verständnis zwischen Eltern und Kindern.

Kochen lernen

Kochen bedeutet Hitzebehandlung und der Mensch ist das einzige Lebewesen, das mit Hilfe von Feuer Nahrung zubereitet. In der Tat hat sich der Mensch durch diese Kunst vom Rest der Tierwelt getrennt und ist nahrungsunabhängiger geworden. Diese Nahrungsmittelautarkie führte zur Zivilisation, in der es so wiederum Zeit für gesellschaftliche Weiterentwicklung gab. Die Hitzebehandlung erweiterte unsere Nahrungsangebote, wobei viele ungenießbare Produkte durch das Kochen genießbar wurden. Diese Kunst beherrscht heute die Menschheit und nennt sie „Kochen".

Einige wichtige Kochregeln müssen Sie Ihren Kindern unbedingt beibringen: Niemals die Küche verlassen ohne die Herdplatte oder die Gasflamme auszuschalten. Nach dem Wasserkochen den Stecker des Wasserkochers aus der Steckdose ziehen, sonst besteht Brandgefahr. Nach dem Kochen und Verzehr die Küche immer sauber verlassen, denn eine Küche dreckig zu hinterlassen bedeutet, Versagen beim Kochen.

Essen außerhalb des eigenen Haushalts ist schicksalhaft, weil der Essensverkäufer die Speise immer schmackhafter machen möchte und dafür häufig zu gesundheitsschädlichen Zutaten greift. Dies führt langfristig zu gesundheitlichen Beschwerden, verlangt Arztbesuche und Medikamentenkonsum. Allein aus diesem Grund sind viele Menschen, ob reich, berühmt oder einfach, Hobbyköche und normale Köche geworden. Essen gehen ist eine Sache, die zelebriert und nicht zu den alltäglichen Aufgaben gehören sollte. Essen gehen sollte niemals mit Kaufkraft verglichen werden, sondern eine besondere Gelegenheit sein, die man genießen kann. Wer sein eigenes Leben lieb hat, sollte unbedingt kochen lernen und das eigene Mahl selbst oder gemeinsam zubereiten. Die Eltern haben die Pflicht ihren Kindern dies beizubringen.

Ihre Kinder sollten anderen Kindern Nachhilfe geben

Ihr Kind sollte anderen Kindern bei den Schularbeiten helfen, Nachhilfe geben und somit den eigenen Wissensstand erweitern. Durch jede Art von Unterricht lernt man selbst auch dazu und entwickelt immer mehr Ideen, um sich selbst zu verbessern. Lernmaterialien sind vorhanden und durch den   Erfolg des Belehrens wird der Mensch ein Meister.

Selbstvertrauen gewinnen

Kinder müssen so früh wie möglich lernen selbständig zu sein und selbständig Entscheidungen treffen zu können. Die Eltern müssen sich nach und nach von dieser Aufgabe befreien, jedoch im Hintergrund ihre Kinder stets im Auge behalten. Kinder müssen lernen mit dem eigenen Kopf zu entscheiden, was gut ist und was nicht, was zeitgemäß ist oder nicht. Wenn die Eltern sich überall einmischen, wird das Kind kein eigenständiger Mensch, sondern genauso wie die Eltern, was nicht im Sinne der Erziehung ist.

Erfolge und Niederlagen

Gewinnen und verlieren gehören zu allen Ereignissen. Kinder müssen diese Tatsache früh lernen und damit aufwachsen. Gewinnen und verlieren sollte spielerisch beigebracht werden, beides ist möglich. So kann auch, trotz viel Mühe, verloren werden. Das Kind sollte an dieser Stelle die Rolle wechseln und von der Gewinnerseite aus betrachten wie groß die Freude ist. Andersherum sollte auch beim Gewinnen die Verliererseite gesehen werden und so werden im Laufe der Zeit Erfolge und Niederlagen relativiert.

Wetter

Das Wetter ist immer lokal, regional und veränderlich. Eltern sollten sich nicht vor ihren Kindern über die Lage der Wetterbedingungen ärgern, schimpfen oder Unzufriedenheit zeigen. Kinder sollten von Anfang an lernen die gegenwärtige Wetterlage zu akzeptieren und versuchen sich ihr anzupassen. Über das Wetter reden alle, aber ändern kann es niemand, also ist die einzige Alternative das Wetter anzunehmen wie es ist. Man kann nicht in einer grünen Klimazone leben und sich nur über blauen Himmel und Sonnenschein freuen und dabei Regen, Kälte oder Bewölkung verdammen.

Viele Erwachsene klagen ständig über das Wetter und sagen: "Es ist zu heiß, zu kalt, sehr schwül, sehr windig, verdammt regnerisch, sehr trocken." Kinder verkörpern das Gleiche, was die Eltern sagen, denken, äußern und bilden entsprechend ihre Meinung über das Wetter. Ärgern über das Wetter bedeutet Mangel an Zufriedenheit.

Perspektivlosigkeit bekämpfen

In den Wohlstandsgesellschaften wissen viele Kinder nicht was sie werden oder später machen sollen. Die Perspektivlosigkeit ist deshalb da, weil in allen Bereichen des Lebens fast kein Mangel vorhanden ist. Die Eltern sollten ihre Kinder nicht ihrer Wünsche und Fantasien berauben und den Kindern fast alles ermöglichen, was gewünscht wird. Mit dem eigenen Schicksal in der Hand kommt das Kind zur Welt und muss später ohne die Hilfe der Eltern sein Leben verbringen, deshalb ist es sehr wichtig, dass die Kinder einen Beruf erlernen, womit sie ihren Lebensunterhalt verdienen können. Auch sehr wohlhabende Eltern sollten sich um die Bildung und um den Beruf ihres Kindes kümmern, denn die Zeiten ändern sich und niemand weiß über die Zukunft Bescheid.

Leben und Zeit

Zeit ist Leben und ohne Zeit ist das Leben nicht vorhanden. Die Zeit im Einklang mit dem Leben ist wesentlich. Egal was der Mensch tut, er / sie braucht Zeit, um zu denken und etwas durchzuführen. Der Körper wächst und der Mensch wird älter. Aus diesem Grund ist das Alter nicht wichtig, sondern die Zeit für das Leben. Äußerungen wie `Zeit ist Geld` sind absolut falsch, weil die Grundlage des Geldes nur Kaufkraft ist, aber man Zeit nicht kaufen kann, um das Leben zu verlängern. Nichts ist wichtiger als die Zeit und die damit verbundenen Chancen, um das Leben auf der Erde zu gestalten.

Die Schulstufen

Ein Kind durchläuft die Schulstufen Grundschule, Sekundarstufe I und II. Es ist relativ, welcher Schulabschluss angestrebt wird, Hauptsache die Schule macht Spaß.

Die Schule macht Spaß, wenn die Schulfächer beherrschbar sind. Lernen braucht einen guten Anfang und dieser Anfang ist wie die Stufen einer Treppe. Werden die Stufen vorsichtig eine nach der anderen bestiegen, gibt es kaum Komplikationen. Wenn die anfängliche Stufe problematisch wird, bauen sich Schwierigkeiten auf, werden immer mehr und so zum Verhängnis. Der beste Weg, um gerne in die Schule zu gehen, ist das Beherrschen des aktuellen Lernstoffs und hier können die Eltern eine bedeutende Rolle übernehmen. Es geht nicht darum viel Wissen zu haben, sondern nur gerade das, was verlangt wird - zum Beispiel einen Text oder eine Rechenaufgabe zu meistern. Wenn die Eltern, unabhängig von deren Bildungshintergrund, zu Hause mit ihrem Kind versuchen die Aufgaben zu erledigen, wird es für das Kind leichter.

Schule bis zur 10. Klasse: Die Grundschule geht gewöhnlich von der 1. Klasse bis zur 4. Klasse, danach wird die Schule als Sekundarstufe I bezeichnet. Hier beginnt die Schulzeit in der 5. Klasse und endet in der 10. Klasse und viele Schüler machen einen Abschluss, um anschließend einen Beruf zu erlernen. Ein guter Abschluss in der Sekundarstufe I ist wichtig für eine Berufsausbildung und auch für die Sekundarstufe II.

Sekundarstufe II und Abitur: Normalerweise sind die Klassen 11 bis 13 die Sekundarstufe II oder die Oberstufe, obwohl dies in mehreren Bundesländern abweichen kann. Der Abiturabschluss findet zum Ende der 13. Klasse statt und je nach Benotung können anschließend unterschiedliche Fächer auf einer Hochschule oder Universität studiert werden.

Wichtigste Schulfächer

Die wichtigsten Lernfächer in der Grundschule sind die Muttersprache, beziehungsweise Deutsch und der Umgang mit Zahlen. Es ist eine leichte Aufgabe, weil die Sprache bekannt ist, ebenso die Zahlen. Die Buchstaben A bis Z lernt das Kind während des letzten Jahres im Kindergarten sowie von den Eltern. Das allerwichtigste für das Lernen ist die Sprache, womit das Wissen vermittelt wird. Neben der Sprache sind die Zahlen von Bedeutung, weil es ohne Zahlen schwierig ist, sich etwas vorzustellen, wie zum Beispiel ‚drei Tage später' oder ‚sechs Jahre alt'. Die Zahlen sind ein untrennbarer Teil einer Sprache. Deshalb muss die Sprache zuerst im Vordergrund stehen. Englisch als Fremdsprache beginnt in der Grundschule, darum ist auch hier eine Vorbereitung von zu Hause aus wichtig. Ein leichter und verständlicher Anfang ermöglicht den Zugang zur Wissenswelt.

Deutsch

Als Muttersprache ist es ziemlich einfach Deutsch zu lernen, zu sprechen, zu hören und zu verstehen. Es wird schwierig, wenn perfektes Deutsch gefordert wird, weil dann Angstzustände oder Nervosität die Kinder durcheinanderbringen. Deshalb ist es wichtig, mit einfachen Sätzen zu beginnen wie: ‚Ich bin mutig, ich trinke Wasser, ich liebe meine Mama' – diese auszusprechen, aufzuschreiben und so weiter. Wichtig ist dabei die Zeitformen wie die Gegenwart, die Vergangenheit und die Zukunft zu beachten. So schreibt das Kind: Ich bin ein Schüler, ich war mal ein Kleinkind und ich werde ein Familienmensch sein. Selbst entwickelte weitere Texte ermöglichen eine Schreibgewohnheit, wobei auch das Schulbuch beachtet werden muss.

Mit nur 30 Wörtern kann sich ein Mensch in einer Fremdsprache äußern. Laut Sprachwissenschaftlern kann ein Mensch mit 300 Wörtern sogar eine Sprache fließend sprechen. In der Tat benutzen fast alle Menschen für den täglichen Bedarf rund 300 Wörter, obwohl das Wörterbuch mehr als 30.000 Wörter hat. Die Berufssprache verfügt über Fachwörter. So unterscheidet sich zum Beispiel die Sprache am Gerichtshof von der Sprache in der Luftfahrt oder im Bankgewerbe, aber sie alle benutzen zu Hause oder beim Einkaufen dieselbe Sprache mit nur 300 Wörtern. Aus diesem Grund muss ein Schüler nicht unbedingt Wortschätze auswendig lernen, die nicht benutzt werden. Wenn es aber von der Schule verlangt wird, können diese Wortschätze vorübergehend für die Schulnote auswendig gelernt werden. Wichtig sind dabei nützliche Hauptwörter und Verben. Die Hauptwörter sind Namen von Personen, Orten und allen Gegenständen. Die gewöhnlichen Verben sind essen, trinken, gehen, schlafen, arbeiten, lernen, spielen, singen, schwimmen usw. Es handelt sich immer um ein Wort mit der Endung ‚-en'.

Die Artikel wie, der, die, das und deren Fälle wie, der, des, dem, den sind ebenfalls bedeutend. Um die Fälle zu beschreiben, werden Begriffe wie Kasus beziehungsweise Nominativ, Genitiv, Dativ, Akkusativ verwendet, die für Schüler schwierig zu verstehen sind. Dennoch haben Muttersprachler mit der richtigen Anwendung der Fälle meistens kaum Probleme. Die Mehrzahl hat keine handfeste Regel und kann sehr unterschiedlich ausfallen. Zum Beispiel: Kaktus - Kakteen, Mann – Männer, Frau – Frauen, Kuh – Kühe, Bus – Busse, Baum – Bäume, Auto – Autos, Geld – Gelder, Schule – Schulen oder Bau - Bauten.

Im Grunde genommen ist Deutsch eine sehr schöne und aussagekräftige Sprache. Bedauerlicherweise schreiben viele Menschen nicht, auch nicht in ihrer Muttersprache, Deutsch, weil sie Angst haben, Fehler zu machen. Laut Artikel 5 des Grundgesetzes, hat jeder das Recht, seine Meinung in Wort und Schrift frei zu äußern. Hier steht nicht, dass der geäußerte Satz grammatikalisch korrekt sein muss. Einige Wörter wie 'machen' und 'tun' sind sehr wichtig für den täglichen Gebrauch und viele versuchen, diese zwei Wörter als minderwertig herabzusetzen, obwohl es kaum Synonyme für diese beiden Wörter gibt. Es ist nicht richtig, dass die deutsche Sprache auf Perfektionismus beruht. Deshalb sollte man keine Angst haben zu schreiben. Auch Lehrkräfte können nicht erklären, warum die oben genannten Schwierigkeiten in der deutschen Sprache vorhanden sind und sind in dem Sinne keine Sprachwissenschaftler.

Die Rechtschreibung in der deutschen Sprache ist einfach, weil die Wörter genauso geschrieben werden wie sie gesprochen werden. Der Anfangsbuchstabe eines Namenwortes wie z.B. Wörter, die mit den Silben -heit, -keit, -ung enden, werden groß geschrieben, aber alle Verben klein. Wenn ein geschriebener Text in der Schule mit einer Benotung verbunden ist, sollte das Kind versuchen Fehler zu vermeiden, indem kurze Sätze geschrieben und die Zeitformen beachtet werden. Ansonsten sollte es ohne Angst und ohne Hochachtung schreiben, Redewendungen vermeiden und schreiben, wie gesprochen wird. Das Kind sollte einfach mutig sein, es handelt sich hier um die eigene Muttersprache, keiner hat das Recht etwas zu beanstanden, ausgenommen die Deutschlehrkräfte.

Mathematik

Das Zauberwort `Mathematik` hat in dem Sinne keine Bedeutung und es gibt auch keine etymologische Erklärung dafür. Man versucht mit altgriechisch oder mit einem anderen Wortspiel etwas zu fabrizieren.

In der bengalischen Sprache bedeutet Matha Kopf und Mati Erde. Lustigerweise sagen dort Schüler zu ‚Mathematik' - den Kopf auf der Erde zerbrechen oder die Gehirnmasse in Lehm verwandeln. Im Grunde genommen ist Mathematik das einfachste Fach der Welt, viel einfacher als die Muttersprache. Leider wird es mit Wörtern wie Quotient, Zähler, Nenner, Addition, Subtraktion, Multiplikation, Faktor und anderen komplizierten Formulierungen unattraktiv gemacht. Der allergrößte Fehler im Grundkurs Mathematik ist, dass die Zahlen alleine dargestellt werden, ohne Begleitung von einem Gegenstand. Damit kann ein Kind als Einsteiger nicht viel anfangen. Es ist besser, anstatt Mathematik, dieses Fach zu Beginn der Schulzeit nur ‚Zahlenkunde' oder ‚rechnen' zu nennen. Das erleichtert es dem Kind, damit etwas anzufangen.

Versuchen Sie zuerst Ihrem Kind die Zahlen von 1 bis 9, dann schrittweise 20, 30... bis 100 beizubringen und verschiedene Spiele mit den Zahlen zu entwickeln. Die Zahlen alleine haben keine Bedeutung, aber wenn ein Gegenstand dahinter stehen würde, wird es interessant wie zum Beispiel: 5 Mädchen und 4 Jungs sind 9 Kinder oder 5 Euro und 4 Euro sind 9 Euro. Diese Beispiele sind Plusaufgaben und werden minus, wenn von den 9 Kindern 4 nach Hause gehen oder von 9 Euro mit 5 Euro eingekauft wird - wieviel bleiben übrig? Multiplikation ist eine schnellere Form von Plus, wie 3 und noch eine 3 sind 6, oder eine 3, noch eine 3 und noch eine 3 sind 9. Dividieren ist verteilen von einer Summe, wie 6 Euro verteilt an 2 Kinder, jeder bekommt 3 Euro. Der Anfang ist sehr wichtig und da Kinder wissbegierig sind, können sie diese Aufgaben besser abspeichern.

Eine neue Entwicklung in der Mathematik ist die Digitalisierung. Was ‚digital' ist, ist nicht zu erklären, aber auf Latein bedeutet ‚digitus' Finger. Im Altertum wurden für Berechnungen die Finger benutzt, indem jeder Finger in 4 Teile aufgeteilt wurde und so bis 4 an einem Finger gezählt werden konnte. 5 Finger ergaben zusammen 20 und 10 Finger von beiden Händen ergaben 40. Diese Möglichkeit des Zählens wird als der älteste Computer der Welt bezeichnet. Digitalisierung wird vorwiegend für die abstrakten Dinge wie Geld, Gewicht, Messung verwendet. Ein Ei oder ein Junge kann nicht in Bruchteile zerlegt werden. Dagegen kann Geld oder Gewicht fast unendlich zerlegt werden.

Rechnen hat nur zwei Richtungen, zunehmend und abnehmend, das bedeutet plus und minus. Multiplizieren und Dividieren sind die schnelleren Arten von plus und minus, wie zum Beispiel 2x9 sind 18, oder 18 geteilt durch 2 ist 9. Es ist wie bei einer Leiter, auf der hoch oder runter geklettert werden kann. Langsam klettern ist plus, langsam runter kommen ist minus. Schnell hoch und schnell runter sind multiplizieren und dividieren.

Auf zwei Bäumen haben sich zwei kleine Vogelschwärme zur Übernachtung niedergelassen. Ein Vogel aus einem Baum sagt: "Wenn einer von euch zu uns kommt, werden wir doppelt so groß in der Anzahl." Ein anderer Vogel aus dem anderen Baum antwortet: "Wenn einer von euch zu uns kommen würde, werden wir gleich groß sein." Jetzt ist die Frage, wie viele Vögel auf jedem Baum sind.

Die Welt ist voller Namen und voller Zahlen. Jeder Begriff oder Name wird immer von einer Zahl begleitet wie 1 Baum, 1 Apfel oder 1 Stern; deren Mehrzahl also 10 Bäume, 100 Äpfel oder eine Milliarde Sterne. Kinder können sich Rechenaufgaben für ihre Eltern ausdenken – wie viele Beine hat ein Tausendfüßler oder wie viele Blätter hat ein Laubbaum im Winter? Wenn die Eltern mit Absicht ab und zu falsche Antworten geben, werden die Kinder sie korrigieren, sich dabei freuen und immer mehr Lust entwickeln, Erfolge zu erzielen. Irgendwann werden die Kinder an Zahlen und damit verbundenen Texten so weit gewöhnt sein, dass sie kaum Angst oder Bedenken vor einer Rechenaufgabe haben werden.

Mathematik zum Einschlafen

Kinder ab dem Pubertätsalter bekommen zunehmend Probleme mit dem Einschlafen. Die Ursachen sind vielfältig – Schule, Schulnoten, Beziehungsprobleme oder diverse Informationstechnologien. Die beste Methode, um schnell einzuschlafen, ist die Lösung einer mathematischen Aufgabe. Dieses mathematische Hilfsmittel kann aber nicht verallgemeinert werden und ist von Mensch zu Mensch unterschiedlich. Aus diesem Grund kann kein Allgemeinrezept gegeben werden, obwohl es funktionieren würde, wenn jeder für sich selbst mathematische Aufgaben ausdenkt und üben würde. Hier sind zwei Beispiele dafür:

1. Im Bett liegen, die Augen schließen und denken – ein Kilogramm Mehl, zwei Kilogramm sehr reife Bananen, 25 Gramm Salz und 500 Gramm Speiseöl zum Frittieren. Die Zutaten in einer Schüssel mischen, daraus 100 Kugeln formen, gelbbraun frittieren und diese für 30 Cent pro Kugel verkaufen. Wenn die Ausgaben für den Materialkauf bei 3,50 Euro liegen würden, wie viel Gewinn wird es geben, wenn 90 von den 100 Kugeln verkauft werden? Hierbei schläft ein Mensch in weniger als 5 Minuten ein.

2. Eine bestimmte Aktie an der Börse kostet 193,10 Euro und 5000 Stück werden davon gekauft. Am nächsten Tag werden die Aktien für 194,50 Euro pro Stück wieder verkauft. Hier verdient die Bank für den Einkauf 16 Euro, für den Verkauf 12 Euro und 26% vom Gewinn wird an das Finanzamt geliefert. Wieviel Gewinn bleibt übrig? Hier wird es schwierig sein zu einem Ergebnis zu kommen und der Schlaf ist sicher.

Englisch

Die moderne englische Sprache ist die einfachste aller Sprachen der Welt. Die Sprache hat sich im Laufe der Zeit immer wieder verbessert, angepasst, Reformen wurden durchgesetzt und damit ist sie zu einer Weltsprache geworden. Im Jahre 1959 hat eine Gruppe von US amerikanischen Sprachwissenschaftlern eine einfache Art von Englisch zustande gebracht, die als `Special English` und später auch als `Learning English` bezeichnet wurde. Dieses Englisch verfügt über 1500 wichtige Wörter, womit in allen Bereichen oder Themen der Welt diskutiert, geschrieben, gesprochen, berichtet und sich verständigt werden kann. Um Verwirrungen zu vermeiden, benutzt Special English keine Idiome oder Redewendungen. Außerdem benutzt Special English keine Adverbien, sondern nur die Adjektive. Die 1500 Wörter können aus dem Internet kostenlos heruntergeladen werden.

Die englische Grammatik ist einfach und besteht primär aus: Noun, Pronoun, Verb, Adverb, Adjective, Preposition und Conjunction. Außerdem sind Article und Tenses wichtig. Nouns sind Nomen wie London, Water, Apple oder Jenny. Pronouns sind, anstatt Nouns benutzte, Begriffe wie he, she, it. Verbs sind Tuwörter wie eat, drink, sleep, swimm, work, dream. Adverbs beschreiben ein Verb wie beautifully, nicely, angrily. Adjectives beschreiben Nouns wie beautiful girl, sweet potato, bad weather. Prepositions beschreiben eine Position wie at school, on the table, under the bed, in my mind. Conjunctions sind Bindewörter wie and, or, but, because, although.

Es gibt nur einen einzigen Article - The. Die anderen sind Zahlwörter wie A und An. An wird benutzt bei Nouns mit dem Anfangsbuchstaben A, E, I, O oder U und deren Mehrzahl ist Some oder Many. Die Tenses sind Zeitformen wie Past, Present, Future. Bei present tense sind simple present, present progressive, present perfect und simple past wichtig. Hier ein Beispiel: simple present – I like to eat, present progressive – I am eating, present perfect – I have eaten und simple past – I ate. Um Sätze zu bauen sind die helping verbs sehr wichtig. Die helping verbs sind am, are, is und deren Mehrzahl wie we, are, they.

Sätze, die mit hochwertigen Wörtern geschrieben oder gesprochen werden und grammatisch korrekt, aber schwer zu verstehen sind, dienen nicht der Aufgabe einer sprachlichen Vermittlung. Man sollte versuchen mit ausgewählten Wortschätzen die englische Sprache vollständig zu vermitteln. Die Voraussetzungen des effektiven Englischs sind: 1) Aktivsätze, 2) Kürzere Sätze, 3) Keine Redewendungen, 4) Ein Satz beinhaltet eine Mitteilung 5) Langsame und deutliche Aussprache.

Kürzere Sätze können mit Hilfe von Conjunctions wie and, or, but, because verlängert werden, wie zum Beispiel – 1) I play football and I like it very much but I have no time today because my mother is waiting for me. 2) Norway is a beautiful country and it is full of natural sceneries but during winter it remains dark for the most time of the day because it is very close to the Arctic Circle. Hier wurden aus vier kleineren Sätzen mit vollständiger Bedeutung mit Hilfe von Conjunctions längere Sätze gemacht. Der kleinste und einfachste Satz besteht aus nur 3 Worten und der längste Satz aus 34 Worten.

Nicht nur ein Englisch–Deutsch–Englisch Wörterbuch, sondern auch ein English-English Dictionary / Wörterbuch ist sehr bedeutend, weil hier die Erklärung eines Wortes auf Englisch beschrieben wird. Das Standardenglisch ist überall willkommen. Der Anfang ist wichtig und wenn die Ängste überwunden sind, werden die Englischkenntnisse selbständig weiterentwickelt.

Die anderen Schulfächer

Die anderen Schulfächer können unterschiedlich sein, aber im Allgemein sind die Informationen über alle Fächer identisch mit den bisherigen beschriebenen Schulfächern. Es geht nur darum, das bisherige Wissen weiterzuentwickeln. Dafür sind die Kenntnisse von Sprache und Rechnen sehr hilfreich. Physik, Chemie, Biologie, Geographie und Geschichte sind bedeutende Sachthemen. In der Tat gehören alle Fachgebiete zur Wissenswelt und werden mit Buchstaben und Zahlen zum Ausdruck gebracht. Anstatt sich über einen Fachbereich zu wundern, sollte einfach angefangen werden sich zu informieren. Erklärungen im Internet sowie in der Literatur sind reichlich vorhanden.

Physik behandelt die gesamten Ereignisse in der Natur und beschäftigt sich mit Materie jeder Größe. Chemie beschreibt die Änderungen oder den Zustand der Materie. Somit sind Physik und Chemie direkt miteinander verbunden. Biologie hat zwei Hauptgebiete: Botanik und Zoologie. Botanik ist die Wissenschaft von Pflanzen, in der Zoologie wird sich mit der Tierwelt auseinandergesetzt. Kinder lernen am besten durch praktische Erklärungen. Hier kann Materie wie Erde, Himmelskörper, Wasser, Luft, Feuer als Physik und Chemie dargestellt werden. So wird klar, dass es sich im gesamten Universum um Physik und Chemie handelt.

Die einheimischen Pflanzen, Tiere, Haustiere oder Vogelarten sind Teile der Biologie. Geographie oder Erdkunde ist ebenso wichtig wie Rechnen. Hier handelt es sich um die Welt, die Länder, Ortschaften, Gewässer, Gebirge, Nachbarstaaten oder Klimazonen. Das Geschehen von heute ist die Geschichte für morgen. Je älter die Geschichte ist, desto kürzer wird sie. Das bedeutet, dass die Geschichte über das vor 2206 Jahren funktionierende Römische Reich in weniger als 200 Seiten beschrieben wird. Dagegen ist allein die Geschichte vom letzten Jahr eines Landes unbeschreiblich groß. Der Mensch beschäftigt sich vorwiegend mit der Gegenwart, um darin auskommen zu können.

Konfrontationen mit den Gesetzen

In diesem Land werden alle registrierten Straftaten einer Person systematisch im Bundeszentralregister, abgekürzt BZR, eingetragen, auch die Straftaten von minderjährigen Kindern. Kinder vor dem 14. Lebensjahr sind nicht strafmündig, müssen aber vor dem Gericht erscheinen. Ab vollendetem 14. Lebensjahr kann, je nach Schwere der Straftat, eine Art Freiheitsentzug zustande kommen. Ab dem 18. Lebensjahr wird das Kind voll strafmündig und kann direkt im Gefängnis landen.

Die häufigsten Straftaten bei Kindern sind Diebstahl und Körperverletzungen, die sich im zunehmenden Alter zu schwerwiegenden Straftaten steigern können. Dass Kinder vor dem 14. Lebensjahr nicht bestraft werden, hindert sie nicht daran ausgeübte Untaten in diesem Alter weiterzuentwickeln und nicht aufzuhören, wenn sie volljährig werden. Klauen lernt man zuerst zu Hause, wenn das Kind keinen Zugang zum häuslichen Geld hat. Die Körperverletzung wird auch zu Hause gelernt, wenn das Kind zu Erziehungszwecken verprügelt wird.

Bei jeder Anklage prüft der Richter, ob der Angeklagte vorbestraft ist oder nicht. Allein aus diesem Grund sollte man versuchen straffrei zu bleiben. Es ist Sache der elterlichen Erziehung, wie das Kind gepflegt und gehegt wird. Es ist aber zu schade, wenn die Eltern zusehen müssen, wie ihr Kind seine Zeit im Gefängnis verbringen muss. Das Leben ist kurz und niemand sollte wegen irgendwelcher Habgier oder Wutanfälle seine Freiheit einbüßen.

Gruppenbildung

Versammlungsfreiheit ist in Deutschland ein Grundrecht, gleichzeitig ist eine kriminelle Vereinigung gemäß §129 StGB verboten. Gruppendynamische Vorgänge sind die Bindekraft zur Bildung einer Gruppe und wirken primär auf politisches, rassistisches und religiöses Gedankengut. Aus diesem Grund sollten die Jugendlichen solche Gruppenbildung vermeiden.

Glauben und Kultur

Glauben ist abstrakt und kann von Mensch zu Mensch sehr unterschiedlich sein. Ähnlich wie der Fingerabdruck ist der individuelle Glaube verschiedenartig. Der innere Glaube ist immer ein Unikat, der gesellschaftliche hingegen ist der organisierte Glaube. Viele halten nichts vom Glauben, aber auch viele sind bereit, dafür ihr Leben zu opfern. Es ist eine Sache des Glaubens, wie er interpretiert wird. Aber eine Unterdrückung durch den Glauben ist in einem demokratischen System nicht erlaubt. Das Leben existiert im Diesseits, im Zusammenhang mit der Vielfalt des Glaubens, der Kulturen und der dadurch notwendigen Toleranz. Die Glaubenskultur in Europa besteht hauptsächlich aus abrahamitischen Religionen wie dem Judentum, dem Christentum und dem Islam, wobei alle von dem gemeinsamen Urvater Abraham und seiner Ehefrau Sara abstammen sollen.

Kultur ist die Gesamtheit aller sozialen Errungenschaften und besteht aus den zwei Wörtern Kult und Ur. Diese beiden Wörter führen zu antiken und uralten Bildnissen, aber die moderne Kultur kann damit wenig anfangen. Sie besteht primär aus Verbrauchermentalität, die weltweit identisch ist. Einzelne Elemente wie Esskultur, Kochkultur, Baukultur, Bekleidungskultur, Wohnkultur, Tanzkultur, Glaubenskultur oder Unterhaltungskultur können sich voneinander unterscheiden. Im Grunde genommen sind sie aber identisch.

Die Frau

In der Geschichte ist ein entscheidender Unterschied bezüglich der Rechte der Frau in Ländern mit warm feuchtem Klima und Ländern mit heiß trockenem Klima bemerkbar. In ersteren war das Nahrungsangebot in der Natur und auch von der Landwirtschaft ausreichend vorhanden. Trotz höherer Geburtenrate gab es von Südamerika bis zum Fernosten fast keine Unterdrückung der Frau. Das lag an der höheren Säuglings- und Kindersterblichkeit. Infektionskrankheiten und periodische Epidemien hielten das Bevölkerungswachstum stets unter Kontrolle.

In dem heiß-trockenen Klima dagegen gab es sehr wenig Nahrung in der Natur sowie aus der Landwirtschaft und eine wachsende Bevölkerung war immer ein Vorzeichen für eine bevorstehende Hungersnot. Gleichzeitig war die Säuglings- und Kindersterblichkeit, verursacht durch Infektionskrankheiten, verhältnismäßig niedrig, entsprechend niedrig war die Sterberate. Aus diesem Grund wurden die Rechte der Frau im heiß trockenen Klima eingeschränkt, im warm feuchten Klima nicht. Ein interessanter Anhaltspunkt ist der trockene und wüstenhafte Ursprung des abrahamitischen Glaubens, wo die Frau regelrecht unter Auflagen gestellt wurde. Durch religiöse Dogmen wurde die Frau gezähmt, unter Kontrolle gebracht und bei Missachtung wurde nur sie sehr hart bestraft. Dagegen gibt es keine derartigen Religionen im warmfeuchten Klima, die die Rechte der Frau eingeschränkt hätten.

Eine bessere medizinische Versorgung und sichere Nahrungsmittelversorgung durch Modernisierung der Landwirtschaft und Mechanisierung der Nahrungsmitteltransporte, ermöglichten ein besseres Leben. Die Rechte der Frau, die vor tausenden Jahren geraubt wurden, sind ihnen in vielen Erdteilen jedoch immer noch entzogen, obwohl die Verhütungsmittel die Fortpflanzungsangst längst beseitigt haben. Die frauenfeindliche Weltentwicklung hat in eine Sackgasse geführt. Es ist höchste Zeit, dass die Frauen und die Männer alle Entscheidungen zusammen treffen und durchführen.

Der Mann

Die abrahamitischen Religionen wie Judentum, Christentum und Islam, haben eine eigene Erklärung über die Herkunft des Mannes. Demzufolge war der Urmensch Adam eine Erschaffung Gottes und hat sich nicht im Mutterleib einer Frau entwickelt. Er ist nicht durch den Geburtskanal zur Welt gekommen. Weil Adam allein die Erde nicht bevölkern konnte, wurde Eva, der erste weibliche Mensch, aus einer Rippe von Adam hergestellt. Die beiden Ur-Menschen verfügten über keine Eltern, da Adam als "Materiallager" für die Erschaffung Evas gilt. Dadurch ist die Männerhierarchie im Abrahamismus festgeschrieben.

Männer mit orthodoxer Erziehung haben Schwierigkeiten im Umgang mit Frauen, ausgenommen denen aus der eigenen Familie. Sie müssen sich unbedingt mit dieser Thematik auseinandersetzen, damit sie die Gleichberechtigung und die Rechte der Frau vollständig akzeptieren können. Über 51% der Bevölkerung in Deutschland ist weiblich und wenn dieser größere Teil der Gesellschaft vernachlässigt, verwehrt oder unterdrückt wird, wird das Leben sicherlich problematischer.

Rassismus

Die Störung des öffentlichen Friedens durch rassistisches Gedankengut ist gemäß §130 StGB mit einer Freiheitsstrafe bis zu drei Jahren strafbar. Gleichzeitig ist der Rassismus auch ein erzieherisches Kulturgut vieler Menschen. Der Begriff "Rasse" ist eher verwendbar für bestimmte Tierarten, die sich innerhalb der eigenen Rasse vermehren. Dies kann auch als Inzucht bezeichnet werden und tritt bei bestimmten Spezies wie Geparden sehr deutlich auf. Als der Mensch isoliert und in kleineren Gruppen lebte, gab es einen identischen Inzest. Die Gruppe wurde immer größer, die Nachteile der Inzucht wurden sichtbar und beeinflussten zunehmend die sogenannte Auszucht oder Vermehrung nach außen. In Bezug auf die Hierarchie wurde die Auszucht als zweckwidrig interpretiert, weil immer mehr Menschen von außen in der Gruppe aufgenommen wurden, die wiederum ein anderes Gedankengut besaßen. Um mögliche Konflikte zu vermeiden, wurde eine Gruppe als bestimmte Rasse bezeichnet und die Vermehrung mit anderen Rassen als Bastardisierung diffamiert. Dieses Urdenken ist in fast allen sogenannten Rassen bestehen geblieben und die Vermehrung nach außen wird immer noch als kritisch angesehen. Hier fehlt eine Aufklärungsarbeit über die biologische Rasse und die politische Rasse, was für die zukünftige Weltbevölkerung sehr bedeutend sein wird.

Die Hautfarbe

Anthropologen unterteilen die menschlichen Hautfarben in 36 verschiedene Farben von hell-blass-weiss bis zu schwarz und diese spielen eine bedeutende Rolle in der modernen Gesellschaft. Es ist rassistisch, einen Menschen nach seiner Hautfarbe zu beurteilen. In der Realität kommen Menschen mit heller Hautfarbe allerdings besser durch und haben ein verhältnismäßig leichteres Leben als Menschen mit dunkler Hautfarbe. Selbst in den südlichen Ländern, wo die Mehrheit der Bevölkerung eine dunkle Hautfarbe hat, bevorzugen Menschen dort die helle Hautfarbe. In Filmen, im Fernsehen und in der Werbung sind mehrheitlich Akteure und Akteurinnen mit heller Hautfarbe zu sehen. Gleichzeitig verwenden viele Entwicklungsorganisationen die Bilder von Menschen mit einer dunklen Hautfarbe, um mehr Spenden zu sammeln.

Die Annahme, dass der Mensch eine weiße Hautfarbe besitzt, ist purer Aberglaube. Gewöhnlich empfindet ein Mensch Dinge wie ein weißes Fell, weiße Wolken oder weißen Schnee als weiß, aber niemand besitzt diese Farbe als Hautfarbe. Wenn die These akzeptiert wird, dass alle Menschen auf der Welt farbig sind und niemand weiß ist, wird es sicherlich kaum Schwierigkeiten mit den Hautfarben geben.

Ausländer, Inländer

Der Begriff 'Ausländer' wird häufig negativ belegt. Es existieren über 200 Länder auf dieser Welt und Menschen aus fast all diesen Erdteilen werden als Ausländer bezeichnet. Oft wird dieser Begriff für Menschen nicht europäischer Herkunft verwendet. In diesem Sinne werden Menschen, die hier geboren sind, auch als Ausländer bezeichnet, wenn deren Aussehen auf eine nicht europäische Herkunft hinweist. Wenn jemand von diesen Menschen eine kriminelle Tat verübt, wird in der Regel weitergegeben: Das war ein Ausländer. Diese verallgemeinernde Äußerung muss korrigiert werden.

Vorurteile

Sich Urteile über andere Menschen zu bilden ist ein individuelles Recht, wenn dadurch niemand zu Schaden kommt. Dagegen sind allgemein geltende gesellschaftliche Vorurteile über bestimmte Menschen oder Menschengruppen rassistisch und sehr schädlich. Die Voreingenommenheit der Einheimischen gegenüber anderen Menschen ist sehr groß. Ebenso groß sind die Vorurteile vieler Menschen gegenüber Einheimischen, aber ebenso in Deutschland lebenden anderen Ausländern. Das liegt am Mangel an Initiativen, Menschen zusammenzubringen, sich gegenseitig kennenzulernen und sich über alle Dinge auszutauschen.

Belästigung

Als Belästigung versteht man hauptsächlich die sexuelle Belästigung gegenüber dem weiblichen Geschlecht. Heranwachsende Männer haben einen allgemein geltenden schlechten Ruf, wenn es die sexuelle Belästigung betrifft. Sexuelle Bemerkungen, Grapschen oder verbale Angebote zu sexuellen Handlungen sind unter §185 StGB verklagbar. Außerdem sind Überwachungskameras an vielen öffentlichen Orten, inklusive Bus und Bahn, montiert, wodurch eine Tat genau nachgewiesen werden kann. Junge Männer, besonders in einer Gruppe, sollen die Freiheit der Frauen respektieren. Dies ist eine sehr heikle Angelegenheit und so ist eine sexuelle Tat wie ein sehr gefährliches Abenteuer zu sehen. Ein argloses Vergnügen kann schwerwiegende Folgen haben.

Vorbereitung für die Abiturnote

Das Abitur ist die wichtigste Prüfung im Bereich der Schulabschlüsse. Hier ist die Abschlussnote sehr bedeutend, besonders für das weitere Studium im medizinischen, technischen und naturwissenschaftlichen Bereich. Das bedeutet nicht, dass mit einer schlechteren Abschlussnote andere Fächer nicht studiert werden können. Allerdings können hier die Fähigkeiten für das Studium fehlen und auch bei der Arbeitssuche wird ein schlechtes Abitur nicht hilfreich sein.

Die Eltern müssen sich damit beschäftigen, in welchen Fächern ihr Kind Hilfe braucht und, wenn es nötig sein wird, unbedingt Nachhilfe holen. Die Ausgaben für die Nachhilfe können steuerlich abgesetzt werden und das Finanzamt erkennt diese vollständig an. Es ist besser vorübergehend 500 Euro weniger zu besitzen, als dass Ihr Kind lebenslang eine schlechte Abschlussnote besitzt.

Keine Auszeit nach dem Abitur

Nach dem Abitur nehmen viele eine Auszeit, um etwas anderes kennenzulernen. Viele gehen für ein Jahr ins Ausland wie nach Australien unter dem Angebot Work and Travel oder im Dienste der Entwicklungshilfe in ein afroasiatisches Land. Eine bedeutende Anzahl der Absolventen sucht eine Beschäftigung in den unendlichen Bereichen des Freiwilligen Sozialen Jahres (FSJ). Diese einjährige Auszeit kann zum Verhängnis werden, weil es sich um eine Unterbrechung der Fortsetzung des Lernens handelt. Ein Jahr ohne schulische Bildung ist eine sehr lange Zeit. Es ist nicht sicher, dass die Lust zu lernen wieder animiert werden kann. Außerdem ist das Studium im Vergleich zur 12. und 13. Schulklasse freier, lockerer und man befindet sich nicht unter enormer Lernforderung. Studienanfänger sollten im ersten Semester ruhig bleiben, keine Angst haben, alles genau beobachten und das Nötigste an Lernpensum mitmachen. Warum sollte ein Mensch diese Möglichkeit nicht in Anspruch nehmen?

Wenn die Auszeit nach dem Abitur vorbei ist, wird oft das Studium nach hinten verschoben und irgendwann wird eine andere Alternative gesucht. Es ist ratsam das mühsame Lernverfahren noch einige Jahre fortzusetzen, um anschließend Zeit fürs Leben zu haben. In dieser Zeit sollten die Eltern sehr aufmerksam sein, da ihre jahrelangen Bemühungen nicht umsonst gewesen sein sollen, denn das Abitur ist weder ein Beruf noch ein akademischer Grad.

Ausbildung oder Studium

Die Bereiche der Ausbildung zu einem Beruf sind vielfältig und je nach Interesse kann man sich auf einen Ausbildungsplatz bewerben. Normalerweise dauert eine Ausbildung drei Jahre. Anschließend gibt es die Möglichkeit in der entsprechenden Firma ein Jahr lang Berufserfahrung zu sammeln. Sei es als Dachdecker, Schweißer, Erzieher, Krankenpfleger oder Automechatroniker, fast all diese Ausbildungen haben gute Berufschancen. Kein Beruf ist hochwertiger als der andere. Mehr oder weniger haben alle eine Verantwortung zu tragen. Der Mensch muss sich in seinem Beruf wohlfühlen und wenn er dies nicht tut, den Beruf wechseln und sich nicht mit Anderen vergleichen.

Das Studium dauert länger, besonders das Universitätsstudium. Das Studium an einer Fachhochschule ist kürzer und praxisorientiert. Jemand mit einem Studium im technischen oder medizinischen Bereich hat kaum Probleme bei der Stellensuche. Mit einem Studium im naturwissenschaftlichen Fachgebieten wie Biologie wird es nicht einfach sein, eine entsprechend vergütete Vollzeitstelle zu bekommen. Viele arbeiten zuerst als Ehrenamtliche bei Umweltorganisationen und suchen später eine andere Tätigkeit, um ihren Lebensunterhalt zu verdienen. Dagegen haben Absolventen der Physik, Mathematik oder Informatik bessere Berufschancen.

Berufschancen im Bereich der Geisteswissenschaften wie Sprache, Geschichte, Soziologie oder Rechtswissenschaften gibt es nicht viele. Wirtschaftswissenschaften bieten bessere Möglichkeiten, obwohl man sich in eine bestimmte Richtung spezialisiert haben muss. Einfacher ist das Lehramtsstudium, wobei die unterschiedlichen Schulstufen ausgewählt werden können. Jedenfalls braucht jede Studienrichtung eine intensive Beschäftigung und Eile, um das Studium zu beenden. Ansonsten droht die Exmatrikulation oder der Studienabbruch, beides qualifiziert nicht zu einer Berufsausübung.

Zielgerichtete Hilfsangebote

Wenn ein frisch gebackener junger Mensch an einem neuen Ort landet, wird dieser auch eine potentielle Beute für die ortsansässigen Ganoven. Hilfsangebote für Auszubildende und Studierende sind in der Anfangszeit bedeutend. Die Begleitung auf dem Weg zum Wohnungsmarkt oder zum Arbeitsmarkt können sehr nützlich sein. Unterschiedliche Privatpersonen und Ehrenamtliche bieten ihre Hilfsdienste unentgeltlich an. An dieser Stelle sind allerdings auch Menschen mit heimtückischen Vorhaben aktiv. Sie sind vorwiegend Einzelpersonen und ihre Ziele sind verschiedenartig. Großzügige Versprechungen, Lockangebote oder extreme Freundlichkeit sind ihre Masche und bevor man den Köder frisst, muss man unbedingt mit anderen Menschen über solche Angebote sprechen.

Ehrenamtliche Tätigkeiten

Eine ehrenamtliche Tätigkeit bedeutet, dass eine Aufgabe mit Lust und Liebe, ohne Entgelt, durchgeführt wird. Jeder Mensch hat ein Interessensgebiet, dass auch außerhalb des Arbeitsplatzes liegen kann. Besonders für die Kontaktaufnahme mit anderen Menschen sind diese Tätigkeiten von großer Bedeutung. Deutschland ist inoffizieller Weltmeister in ehrenamtlichen Tätigkeiten. Fast in allen Bereichen des öffentlichen und nicht öffentlichen Dienstes sind ehrenamtliche Tätigkeiten möglich. Informationen darüber können über die ortsansässigen Institutionen wie Feuerwehr, THW, Entwicklungsorganisationen, Krankenhäuser, Rotes Kreuz oder Gemeinden erhalten werden. Auch Telefonseelsorge und Internetseelsorge für Betroffene können eine bedeutende Aufgabe sein.

Es sollten aber keine Aufgaben zur Spendensammlung, Kleidersammlung oder Verkaufstätigkeit übernommen werden. Hier besteht eine direkte Gefahr von Missbrauch, Ausnutzung und Erniedrigung. In der ehrenamtlichen Tätigkeit sollte es keine Angst oder Hochachtung vor der Hierarchie geben. Ansonsten sollte die ehrenamtliche Tätigkeit einfach beendet werden.

Auslandsreise

Ihr Kind ist gut erzogen, gut behütet, ist gutmütig, weltoffen, hilfsbereit und besitzt auch im Ausland dieselben Qualitäten. Man muss allerdings sehr aufpassen, weil Betrüger überall gleichmäßig vorhanden sind. Besondere Achtsamkeit gilt für den Reisepass, der niemals bei Übernachtungen an der Rezeption abgegeben werden sollte, anstelle dessen kann eine Kopie des Reisepasses abgegeben werden. Am Flughafen sollten keine Pakete oder Sendungen von anderen Menschen angenommen und mitgenommen werden, auch keine angeblich wichtigen, lebensrettenden Medikamente, dafür gibt es Express-Kurierdienste. Bei diesen Paketen fremder Personen kann es sich um Drogen oder geklaute Reisepässe handeln. Ihr Kind wird später nicht in der Lage sein seine Unschuld zu beweisen. Einsame und unbekannte Orte sollten gemieden werden. Ihr Kind sollte nicht am späten Abend unterwegs sein und nicht gewinnorientierte Dinge kaufen, die später Probleme verursachen können.

Ihr Kind muss lernen ein dickes Fell zu entwickeln, wenn es sich außerhalb der gewöhnlichen Gesellschaft oder auf der Reise befindet. Die gesamten sogenannten Dritte-Welt-Länder sind riskante Gebiete. Frauen sollten keine fremden Männer freundlich anlächeln, sonst besteht die Möglichkeit missverstanden zu werden und der Mann denkt: „Sie mag mich." Bei Männern ist es umgekehrt und er kann von einer Frau angezeigt werden: „Er hat mich angelächelt." Dies ist eine Anschuldigung.

Um Reisekrankheiten zu entkommen, sollten Lebensmittel tierischer Herkunft vermieden, kein frisches Leitungswasser getrunken, kein frischer Salat oder Fruchtcocktail gegessen werden. Dazu sollten die berühmten vier Maßnahmen beachtet werden: Waschen, pellen, erhitzen oder kochen. Magen-Darm-Erkrankung, Erkältung und Fieber sind die häufigsten Reisekrankheiten. All diese Beschwerden entstehen überwiegend durch den unvorsichtigen Konsum von Nahrungsmitteln.

Autofahren, Motorradfahren

Autofahren ist von der Beachtung der Verkehrsregeln direkt abhängig. Deshalb sollten die Autofahrer, die eine neue Fahrerlaubnis besitzen, nicht eine Fahrpraxis zeigen, die sie nicht meistern können. Das gleiche gilt für Motorradfahrer. Kein Unfall ist ein guter Unfall. Viele junge Menschen mit nagelneuer Fahrerlaubnis sterben oder erleiden eine Behinderung durch einen Unfall, verursacht durch das eigene Fehlverhalten. Das Leben ist sowieso kurz und muss nicht unbedingt durch unvorsichtiges Fahren verkürzt werden.

Bestrebung und Anstrengung

Deutschland ist ein modernes Land, aber das bedeutet nicht, dass alles automatisiert ist. Für den eigenen Erfolg müssen persönliche Anstrengungen und Bestrebungen im Vordergrund stehen. Anschuldigungen an andere Menschen werden nicht viel bringen, denn Durchhaltevermögen, Geduld und Ausdauer sind die Kriterien des Erfolgs. Fast jeder Beruf bietet Möglichkeiten voranzukommen, die man, je nach Bedarf, in Anspruch nehmen kann.

Tätowierung und Piercing

Als Jugendlicher hat man viel Fantasie und unzählige Wünsche, die sich noch nicht erfüllen lassen, weil die Erlaubnis für ihre Umsetzung von der Volljährigkeit abhängt. Schwupp, wird der Mensch 18, fallen über Nacht alle Verbotsgesetze der Selbstbestimmung weg. Diese Freiheit ab dem 18. Lebensjahr ist ein stehen gebliebener Aberglaube, der auf einem kriegerischen / militärischen Hintergrund basiert. Damals wurde am Vorabend mit allen Freunden und Verwandten großartig in den 18. Geburtstag hineingefeiert. Im Morgengrauen kamen dann die Soldaten, um den jungen Mann abzuholen und selten kam er wieder zurück. Das war damals, als es keine Selbstbestimmungsrechte gab, aber es wird immer noch an dieser irrelevanten Auffassung des 18. Geburtstags festgehalten.

Viele junge Menschen machen sich ab dem 18. Lebensjahr auf den Weg zu einem Tätowierer und lassen sich Wunsch-Motive stechen, die im Laufe der Zeit immer mehr werden. Die Ursache ist der Trieb aufzufallen, sich von anderen Jugendlichen zu unterscheiden, Blicke auf sich zu ziehen. Es kann sich bei manchen zu einer Sucht wie der Kauf- oder Spielsucht entwickeln. Oft ist es der Fall, dass sich ein Mensch, wenn er etwa das 30. Lebensjahr erreicht hat, in seiner Haut nach diesen Jugendsünden unwohl fühlt. Er zahlt ein Vermögen, um die Zeichen der Tätowiernadel mit dem Laser entfernen zu lassen. Es kann Monate bis sogar Jahre dauern, bis alle Tattoos beseitigt sind. Trotzdem bleiben Abdrücke auf der Haut zurück. Die Krankenkassen übernehmen keinerlei Kosten.

Künstler, Sportler oder wirtschaftlich unabhängige Personen können sich diese Körperkunst des Haut-Stechens ab einem bestimmten Alter eher erlauben als ein Schüler, Auszubildender, Student oder Gehaltsempfänger. Durch Tätowierung verursachte gesundheitliche Komplikationen sind risikoreich und müssen gemäß §294a SGBV von dem behandelnden Arzt an die entsprechende Krankenkasse gemeldet werden. Wenn eine Erwerbsunfähigkeit durch eine Tätowierung zustande kommen würde, besteht bei dem Betroffenen kein Anspruch auf den Bezug von entsprechenden Sozialleistungen.

Die Partnersuche ist eine sehr wichtige Aufgabe des Lebens, die oft nur wegen eines vorhandenen Tattoos scheitert. Gewöhnlich sind Führungskräfte keine Befürworter der Tätowierung und allein aus diesem Grund sollten junge Menschen, die von einer Anstellung oder Berufskarriere abhängig sind, auf eine lebenslange Tätowierung verzichten. Tattoostudiobesitzer, Eltern und auch die Behörden sollten die jungen Menschen über die dauerhaften Risiken der Tätowierung ausführlich informieren, denn die Jugendlichen sind die Zukunft der Nation.

Piercing ist ein Haut-Stechen, wobei etwas angehängt wird. Das traditionelle Piercing ist der Ohrring im Ohrläppchen. Mittlerweile gibt es tausende Stellen am Körper, wo solche Piercings Platz finden. Haut-Stechen ist gefährlich und noch gefährlicher sind die hängenden Metallteile. Egal wo dieses Piercing angehängt wird, eine Gefahr ist nicht ausgeschlossen. Schätzungsweise verursachen 25 Prozent aller Piercings Beschwerden wie Entzündungen, Infektionen, Gewebetrauma, Vernarbung, Blutung, Halluzinationen oder Alpträume. Das Thema Piercing sollte von Anfang an behandelt und über die negativen Folgen immer wieder diskutiert werden. Außerdem hat ein Piercing überhaupt keine Vorteile.

Extremsportler

Die Menschheitsgeschichte ist voller Kriege, Wanderungen und Hungersnöte, wobei die Überlebenschancen entsprechend düster waren. Die genetischen Informationen sind im Körper immer noch vorhanden und so juckt es den Menschen, etwas anspruchsvolles oder abenteuerliches zu unternehmen. Man überquert zu Fuß eine lebensgefährliche Wüste, mit dem Ruderboot den Atlantik oder klettert ohne Hilfsmittel eine steile Felswand hinauf. Es interessiert kaum jemanden, was für eine abenteuerliche Aufgabe jemand geleistet hat, die Misserfolge dabei sind nicht selten. Ein Bungee-Springer kann anschließend unter einem Gehirnschaden leiden oder Ein Rettungshubschrauber einen Abenteurer bergen, der von einer Felswand gestürzt ist und nicht mehr atmet.

Alle Arten von Extremsport sind atemberaubend und es gibt genügend Menschen, die andere dazu ermutigen. Sie sagen zu solchen Vorhaben: „Mach das, mach das." Wenn der Abenteurer dabei verunglückt, wird das anfeuernde Volk leise verschwinden. Übrig bleiben nur die leidenden, zurückgebliebenen Eltern. Das Leben ist kurz und gefährlich, aber wenn man es versteht, sollte jeder Schritt gut überlegt sein. Die Eltern haben die Aufgabe, von Anfang an über dieses Thema mit ihren Kindern zu diskutieren und die Konsequenzen genau darzustellen.

Finanzielle Unterstützung

In der Regel wird eine Berufsausbildung vergütet, was ausreichend für das Auskommen des Kindes sein wird. Egal wieviel das Kind verdient, die Eltern sollten kein Kostgeld verlangen, wenn das Kind weiterhin zu Hause wohnt. Ansonsten hat das Kind ein Anrecht darauf BAföG zu bekommen. Besonders der Familienvater muss nicht zu stolz sein und deshalb mit der Äußerung "Ich verdiene viel und du kriegst kein BAföG" auf das BAföG seiner Kinder verzichten. Wenn die Eltern über ein höheres Einkommen verfügen, dann gibt es keinen Anlass für eine finanzielle Unterstützung des Staates und die Eltern können dann ganz selbstverständlich ihr Kind selbst unterstützen. Aber bei einem Normalverdiener ist das BAföG eine gute finanzielle Grundlage für das Kind. Es handelt sich hierbei um ein zinsloses Staatsdarlehen, dass einige Jahre nach Beendigung der Regelausbildungs- oder Regelstudienzeit ermäßigt mit einem kleinen monatlichen Beitrag zurückgezahlt werden muss. Der BAföG-Höchstsatz ist völlig ausreichend für ein Auskommen als lernender Mensch, wenn das Leben nicht vom Luxus verwöhnt ist. Jedenfalls darf nicht versäumt werden, einen BAföG-Antrag zu stellen.

Bankkredit fürs Studium vermeiden

Zum Studienbeginn besteht die Möglichkeit einen Bankkredit zu bekommen. So bekommt zum Beispiel ein Student eine Summe von 50.000 Euro auf sein Konto, die eigentlich ausreichend für eine Regelstudienzeit von fünf Jahren ist, wobei monatlich 833 Euro ausgegeben werden können. Es kann aber schieflaufen, indem die Ausgaben in der Anfangszeit steigen oder der Student versucht, die Summe zu vermehren und dabei alles verliert. Die Ursachen, warum das Geld zu schnell verbraucht wurde, sind endlos. Verschuldet sind dann die Eltern, die für den Bankkredit eine Bürgschaft übernehmen mussten. Entweder bekommt man BAföG, eine elterliche Finanzierung, eine Ausbildungsversicherung oder der Student verdient sich durch einen Teilzeitjob Geld dazu, aber durch einen Bankkredit sollte kein Risiko eingegangen werden.

Elite-Institutionen vermeiden

Die privaten Hochschulen, die auch als Elite-Institutionen bekannt sind, sind kostenpflichtig. Was ist Elite? Ist das eine Oberschicht? Studieren dort die Kinder der Reichen oder ist die Anlage sehr modern? Elite im Bereich des Wissens ist nicht vorhanden. Es gibt weder eine Elite-Literatur noch Elite-Lehrkräfte. Die Schatzkammer des Wissens ist in den Bibliotheken umsonst vorhanden. Außerdem ist das Studieren an den staatlichen Universitäten und Hochschulen in Deutschland fast kostenlos und von bester Qualität.

Heimweh

Schon mit dem Pubertätsalter entwickelt der Körper eine Art Fernweh, das direkt mit zunehmendem Wissensstand voranschreitet. Man möchte in die Ferne reisen und landet an einem fernen Ort inmitten fremder Menschen. Bei Anpassungsschwierigkeiten kann an diese Stelle das Heimweh treten. Dieses ist identisch mit dem Heimweh auf dem ersten Schulausflug mit Übernachtung, wo ein weinendes Kind wegen Heimweh von den Eltern abgeholt werden muss. Ständiges Heimweh ist gleichzeitig ein Störfaktor beim Vorwärtsgehen an einem neuen Ort. Die Eltern müssen eingehend mit ihren Kindern über dieses Thema diskutieren und die positiven und negativen Seiten von Heimweh darstellen.

Beginn des Studiums

Das Studium beginnt mit dem schulischen Grundwissen. Egal welche Fächer oder Richtungen studiert werden, das Grundstudium ist identisch mit den Fächern aus der Oberstufe. Es ist eine Fortsetzung der Schulfächer wie Sprache, Physik, Chemie, Biologie, Mathematik oder Geschichte. Wenn man an den elementaren Bestandteilen festhält, wird es nicht schwierig sein das Studium fortzusetzen.

Bachelorstudium und Masterstudium

Das Bachelorstudium ist der allerwichtigste Teil des Studiums, obwohl es in einigen Fachrichtungen wie Jura, Medizin oder Theologie kein Vor- und Hauptstudium gibt. Der Bachelorabschluss ist deshalb wichtig, da der Student damit beruflich tätig werden und den Master später nachholen, bzw. das Studium an dieser Stelle beenden kann. Das Bachelorstudium ist kurz und je nach Fachrichtung kann die Arbeitssuche beginnen. Hierbei sollten die Eltern eine Belohnung, wie eine Überraschung oder eine Miniatur-Weltreise in Aussicht stellen, wenn das Kind den Bachelor nach zwei bis drei Jahren geschafft hat.

Der Studienbeginn kann sehr kompliziert oder auch sehr einfach sein. Wenn gerade zu Studienbeginn etwas Besonderes verlangt wird und man sich damit beschäftigt und sich keine unnötigen Sorgen macht, wird es einfacher. Ihr Kind sollte so schnell wie möglich die Credit-Points beziehungsweise die Anrechnungspunkte sammeln, einen Blockunterricht nach dem anderen besuchen und die geforderten Klausuren schreiben. Parallel dazu kann die Bachelorarbeit vorbereitet werden und bald wird es soweit sein, dass ihr Kind das Bachelorstudium hinter sich hat.

Das Masterstudium ist der Abschluss eines Studiums und es ist am besten, diesen höheren Grad zu erreichen. Wenn man den Bachelor in der Tasche hat, gibt es keine Furcht mehr vor einem Studienabbruch, deshalb sollte diese letzte Herausforderung angetreten werden. Auch hier sollten die Eltern eine Belohnung aussetzen.

Die Arbeitssuche

Die Suche nach einer Beschäftigung ist die wichtigste Aufgabe nach Beendigung einer Ausbildung oder eines Studiums. Die Eltern wissen, was ihr Kind braucht und können entsprechend mitwirken. Die Erfolgschancen können sehr unterschiedlich sein. Geduld, Umschulung und ständige Versuche sind die bekannten Alternativen dafür.

Wucherer, Profiteur, Nutznießer

Ihr Kind lebt von Anfang an sparsam. Eine vernünftige Erziehung erlaubt ihm keine unnötigen Ausgaben und diese Art von Leben von Kindheit an wird zur Gewohnheit. Nach Beendigung der Ausbildung oder des Studiums gibt es die Möglichkeit eine Einkommensstufe zu erreichen, die das Mehrfache sein wird als vorher. Dieses Phänomen ist allen Betrügern bekannt und so schleichen sie sich sehr vorsichtig an ihr Opfer heran. Gewöhnlich sind sie sehr höflich, nett, gut bekleidet, freundlich, hilfsbereit und Ihr Kind schenkt dem Betrüger vollstes Vertrauen, der wiederum vorgibt einem namhaften Kreditinstitut anzugehören. Er heuchelt Ihrem Kind vor, nur das Beste zu wollen – eine gute Rendite fürs Leben. Es handelt sich um 8% bis 11% im Jahr, wobei das investierte Geld alle 5 bis 10 Jahre verdoppelt wird.

Vorsicht Falle, wenn Ihr Kind investieren würde, egal in welchem Bereich, wird es den Freund oder die Freundin nie wieder sehen und das Geld ist futsch. Wenn Ihr Kind sein Geld vermehren möchte, muss es selbst tätig werden, wie an der Börse im Bereich der Fonds, Anleihe und Aktienmärkte. Das benötigt aber sehr viel Zeit, Freizeit und beeinträchtigt die Arbeit, die pflichtgemäß durchgeführt werden muss. Trotzdem ist dies besser, als das Geld jemandem zu geben, der das Gleiche tun will. Die Aktienmärkte können gut erforscht werden und in ziemlich sichere Aktiengesellschaften langfristig investiert werden, die auch Dividenden zahlen. Ansonsten sollte die Arbeitszeit reduziert werden und so reduziert sich auch das Einkommen. Dafür erreicht man ein leichtes ruhiges Leben. Anderenfalls arbeitet man sehr hart, um das Leben der Betrüger zu bereichern und wird dabei zu Grunde gehen.

Nicht an die Rente denken

Viele Kinder lernen von Anfang an, an das Thema Rente zu denken. Man hat das ganze Leben vor sich, aber denkt schon an die eigene Rente. Die Rente gehört zu einer gut organisierten Staatsform, womit im Alter der Lebensunterhalt bezahlt wird. Die Ausgaben eines Rentners haben keine Grenze. Das bedeutet: Je höher die Rente ist, desto höher sind die Kosten für die Altersversorgung. Ein langes Leben mit guter Gesundheit und ausreichender Rente ist fast eine Utopie. Das Leben befindet sich in der Gegenwart und nicht Jahrzehnte später. Man sollte sich keine Gedanken über die Rente machen, sondern die normalen Beiträge zugunsten der aktuellen Rentner zahlen, versuchen in der Gegenwart gut zu leben und gut beschäftigt zu sein. Beispiele sind ausreichend vorhanden, dass jemand sich auf seine hohe Rente gefreut hat, aber leider kurz nach Beginn des Ruhestands gestorben ist.

Lebenslang lernen

In den alten Zeiten lernte der Mensch etwas und beschäftigte sich lebenslang damit. In der gegenwärtigen Welt sind viele Dinge anders geworden. So wird zum Beispiel ein Friseur später ein Masseur, eine Krankenschwester wird Hebamme oder ein Ingenieur wird Lehrer für die Berufsbildungsschule. Beispiele sind genug vorhanden, dass ein Hochschullehrer LKW-Fahrer wird oder eine Schulmedizinerin eine Politikerin. Oft hat der Mensch keine Lust mehr, lebenslang dasselbe zu machen. Bevor die gegenwärtige Beschäftigung zum Verhängnis wird, sollte man sich um eine Umschulung kümmern, da das Lernen nie aufhört.

Keine Gegenleistung von den Kindern erwarten

Die Eltern sollten keine Gegenleistungen von ihren Kindern erwarten und auch nicht zur Belastung für die Kinder werden. Die Eltern sollten froh sein, wenn ihr Spross anständig und selbständig geworden ist. Es ist den Kindern freigestellt, ob sie ihren Eltern helfend entgegenkommen möchten.

Erbschaft

Kinder kommen mit ihrem eigenen Schicksal zur Welt und nicht, um die Besitztümer der Eltern zu erben. Die Übernahme eines Familienbetriebs oder eines größeren Vermögens sind hier nicht berücksichtigt. Ganz normale Eltern besitzen vielleicht ein Haus, eine Wohnung oder sonstige Gegenstände, die eventuell die Kinder erben werden. Die Erwartung einer Erbschaft ist oft nicht angenehm. Für viele Nachkommen ist das Erbe ungewiss, weil sie nicht wissen, wann es so weit sein wird. Oft äußern sich Kinder über ihre Eltern so: "Sie vergnügen sich mit meinem Erbe" oder die Kinder werden noch unbarmherziger und sagen: "Wann verrecken endlich die Alten?"

Das Erbschaftsverhältnis im altertümlichen Bauerntum war so aufgebaut, dass der älteste Sohn den Hof übernahm, die restlichen Geschwister leer ausgingen oder ihren Lebensunterhalt als Magd und Knecht verdienten. Die Zeit ist voll von Geschichten, in denen ein lang lebender König von seinem eigenen Sohn umgebracht wird oder jemand von den Geschwistern die anderen eliminiert, um das Erbe allein für sich zu beanspruchen. Heute noch versuchen Kinder der Ellenbogengesellschaft die elterlichen Besitztümer alleine zu beanspruchen und trennen sich schließlich mit erbitterten Streitigkeiten von ihren Geschwistern oder erklären, um Konflikte zu vermeiden, ihren Erbverzicht.

Die Aufgabe der Eltern gegenüber ihren Kindern ist, ihnen eine gute Erziehung zuteil kommen zu lassen und dazu die Ausführung eines Berufs zu ermöglichen, womit sie ihren Lebensunterhalt verdienen können. Wenn es nicht sein muss, sollte möglichst kein Erbe hinterlassen werden, da eine gute Ausbildung das beste Erbe ist. Darüber sollte von Anfang an in Gesprächen aufgeklärt werden. Deutschland ist berühmt für diverse Versicherungen. Es ist besser gute Versicherungen für das Alter abzuschließen, als im fortgeschrittenen Alter eine Last für die Kinder zu werden. Wenn die Eltern an ihrem Lebensabend Kreuzfahrten, inklusive viele Urlaube machen oder verschwenderisch leben, sollten sich die Kinder darüber freuen und nicht an das Erbe denken, dass sich auf diese Weise dezimiert und sich darüber ärgern.

Die Erfolge der Kinder sind die Erfolge der Eltern

Wenn nach jahrelangen Bemühungen aus den Kindern etwas geworden ist, ist dies auch der Erfolg der Eltern, denn ohne deren Durchhaltevermögen wäre dies nicht möglich gewesen. Die Eltern können so mit Freude auf ihr Leben zurück schauen und stolz darauf sein, dass durch ihre Anstrengungen aus ihren Kindern gute Menschen geworden sind.

Eine unendliche Aufgabe

Wenn man Kinder hat, werden die Eltern nie frei von der Abhängigkeit ihrer Kinder. Hier stehen die Eltern als große Säule der Familie und sind zuständig für viele wichtige Entscheidungen.

Eltern – eine verlässliche Anschrift in Schwierigkeiten

Immer wieder wird der Mensch mit Schwierigkeiten, Krankheiten, Unfällen oder Niederlagen konfrontiert. In solchen Fällen sind die Eltern nahestehende und verlässliche Personen, die ohne zu zögern zu Hilfe kommen werden. Kinder, die sehr erfolgreich sind, sollten nicht die Beziehung zu ihren Eltern aufgeben, da niemand weiß, was die Zukunft bringen und wie es mit dem Leben weitergehen wird. In diesem Fall sind die Eltern immer die wahren Beschützer.